中国宏观经济研究院
Chinese Academy of Macroeconomic Research

国宏智库青年丛书

从土地开发到城市GDP

传导机理与实证检验

How Does the "land-based Dependent Model" Work:
the Mechanism and Examination

范宪伟◎著

中国社会科学出版社

图书在版编目（CIP）数据

从土地开发到城市 GDP：传导机理与实证检验／范宪伟著．—北京：中国社会科学出版社，2020.5
（国宏智库青年丛书）
ISBN 978 – 7 – 5203 – 5969 – 6

Ⅰ．①从… Ⅱ．①范… Ⅲ．①土地开发—影响—城市经济—研究—中国 Ⅳ．①F323.211②F299.2

中国版本图书馆 CIP 数据核字（2020）第 022809 号

出 版 人	赵剑英
责任编辑	喻 苗
责任校对	胡新芳
责任印制	王 超

出 版	中国社会科学出版社
社 址	北京鼓楼西大街甲 158 号
邮 编	100720
网 址	http://www.csspw.cn
发 行 部	010 – 84083685
门 市 部	010 – 84029450
经 销	新华书店及其他书店

印 刷	北京明恒达印务有限公司
装 订	廊坊市广阳区广增装订厂
版 次	2020 年 5 月第 1 版
印 次	2020 年 5 月第 1 次印刷

开 本	710×1000 1/16
印 张	13
字 数	181 千字
定 价	59.00 元

序　言

土地是财富之母！

亚当·斯密说出来的这句话，不仅适用于农业经济学，而且也适用于城市经济学。

在经济学说史上，是马克思最早提出了收益资本化的思想。

马克思认为：当土地具有带来收益的权利能够进入市场流通并进行自由交易的时候，土地权利就被资本化了。

资本主义经济是如此，社会主义市场经济也是如此，只是社会主义中国认识到土地过度资本化的弊端，我们的土地制度依然毫不动摇地坚持以公有制为基础，不允许有私有土地，土地要么是国有的，要么是集体的。企业和个人土地只能有期限地租用，居民住宅用地不超过70年，商业用地更短一些，30年到50年不等。

中国城市经济的发展是一种资源集中的体现，一些地方政府在经营城市，其中也自然包括经营土地。

中国城市在经营土地时，取得了巨大的成绩，但是也出现了一些失误。所以，我们的相关政策总是处在不断地调整和完善之中。

过去改革开放40年，我们的城市经济比较注重土地开发，难免粗放，现在土地开发快接近开发极限。未来40年的改革开放，我们的城市经济发展必须适当降低土地开发的比重，更加关注人力资源的开发和城市经济业态的升级，通过精耕细作，才能实现城市经济的高质量发展。

范宪伟博士出版的这本处女作《从土地开发到城市 GDP：传导机理与实证检验》，是中国宏观经济研究院层层选拔出来的，有一定的分量和新意，值得推荐。

他这本书有以下三个显著特点：

一是坚持理论与实际相结合，即"顶天"又"立地"。本书以事实和数据为依据，围绕土地开发对城市经济影响这一主线，相关研究成果有的已经在国际知名期刊发表，标志着相关研究成果得到国内外同行认可。同时，相关研究立足中国经济发展实际，从土地开发的角度，对我国过去十多年经济增长奇迹进行了一定程度的解释。

二是坚持学术性研究与政策性研究相结合，本书对地方政府"以地谋发展"的作用机理和传导路径进行了实证检验，定量测算了地方政府土地收入对城市经济增长的积极作用。同时，在本书的最后，作者也指出高质量发展背景下，"以地谋发展"模式已经走到尽头，地方政府应积极推动"人口—土地—产业"三元联动发展，并提出了"人—地—业"三元联动发展的基本原则、思路和政策建议等。

三是在坚持规范经济研究的同时，注重交叉学科研究方法的创新应用。本书探索性地将中介效应模型和结构方程模型应用于解释"以地谋发展"模式作用机理和传导路径的实证研究中，对土地开发过程中地方政府所获得的土地收入对城市经济增长的直接和间接影响进行了定量测算，科学合理地评价了地方政府土地开发过程中所获得的土地收入对城市经济增长的影响。

杨宜勇

2019 年 9 月 9 日

写于木樨地国宏大厦 B 座 1217 房间

前　　言

　　20 世纪 80 年代以来，随着国有土地使用制度改革的深入，国有土地开始从"无偿、无期限、无流动"向"有偿、有期限、有流动"转变，土地作为一种重要的生产要素开始参与社会财富的分配，实现从传统的生产和生活功能向资本功能扩展。90 年代以来，随着分税制改革和住房制度改革的不断深化，土地价值不断攀升，土地资本属性日益显现。在土地资本化背景下，地方政府通过开发和经营土地获得了大量的收入，形成了独具特色的"以地谋发展"模式，这种模式在各地普遍流行，显著推动了辖区城镇化进程和经济发展。

　　从现有的研究来看，学者们主要从两个方面对中国土地开发与经济增长的关系进行分析。一是从土地资源的属性出发，研究土地开发过程中城市建设用地扩张与城市经济增长的关系；二是在土地资本化背景下，研究土地开发过程中地方政府所获得的土地收入与城市经济增长之间的关系。从土地资源的角度来看，从古典经济学到新古典和内生经济增长理论来看，土地在经济增长理论中的重要性逐渐下降。国内外学者取得了大量研究成果，但仍有深化研究的空间。一是相关研究并没有揭示地方政府土地开发对城市经济增长的作用机理和影响机制，不能够解释中国城市经济发展过程中地方政府"土地开发—土地出让收入和融资收入—公共服务设施建设—经济增长—土地开发"的发展模式。二是相关研究并没有考虑地方政府在土地开发过程中所进行的土地融资对经济增长的作用。另外，仅仅通过计量模型并不能揭示地方政府土地开发对城市经济增长的作用机理和影响机制，不能够解释中国城市经济发展过程中地方政府"土地开发—土地出让收入和融资收入—公共服务设施建设—经济增长—土地开发"的发展模式。三是鲜有研究从微观视角探讨征地拆迁补偿对家庭消费行为的影响，尤其是较少研究征地拆迁补偿对居民家庭消费行为影响的空间差异。

首先，本书系统分析了"以地谋发展"的运行机制和作用机理。土地开发对城市经济的影响主要分为宏观和微观两方面：从宏观来看，地方政府的"土地开发—土地收入—城市公共服务设施—城市经济增长"的发展模式（Fan et al.，2016；石敏俊等，2017）；从微观来看，居民家庭的"土地开发—征地拆迁补偿—家庭消费行为"的传导路径，均对我国城市经济产生重要影响。因此，土地资本化背景下，地方政府在土地开发中所获得的土地收入对城市经济的宏观影响和居民家庭在土地开发过程中所获得的征地拆迁补偿收入对城市经济的微观影响共同构成了狭义的"以地谋发展"模式。从广义来看，地方政府"以地谋发展"模式除了"土地开发—土地收入—城市公共服务设施—城市经济增长"外，还应包括两部分：一是土地开发过程中房地产开发投资对城市经济增长的贡献。二是低成本的工业用地促使产业集聚推动城市经济增长。

其次，梳理和总结了"以地谋发展"模式形成的基础。国有土地使用制度及其土地储备和征收制度改革为"以地谋发展"模式的形成奠定了根本性制度基础；财税、住房等制度改革是"以地谋发展"模式形成的助推器；地方政府凭借对国有土地的垄断权力在土地开发和出让过程中获得的较大的土地出让收入和土地融资收入为"以地谋发展"模式的形成提供了坚实的资金保障。

最后，基于中介效应模型和结构方程模型及计量经济模型，对土地资本化背景下土地开发过程中不同的利益主体（地方政府和居民家庭）所获得的土地收入对城市经济增长的宏观和微观影响进行实证分析。结果发现：一方面，土地开发显著推动了城市公共服务设施水平的提升，城市公共服务设施在土地开发影响城市经济增长的机制中发挥着中介效应，且城市公共服务设施的中介效应为部分中介。另一方面，土地收入极大地推动了城市经济增长。2000—2010 年，土地出让收入每增长 1 个标准单位，城区 GDP 将增长 3.09 标准单位，其中土地收入通过城市公共服务设施的直接影响为 0.35 标准单位，间接影响为 2.74 标准单位，通过产业集聚和常住人口变动的间接效应远大于直接效应，且在间接效应中，产业集聚的影响大于常住人口变动的影响。另外，被征地拆迁家庭所获得的一次性数额不菲的补偿收入提升了家庭消费水平，对耐用消费品和非耐用消费品支出均具有积极的促进作用。征地拆迁补偿的空间差异使得居民家庭消费的变化也存在明显的空间差异。城区以及经济发达地区城市和高房价城市的征地拆迁补偿对耐用消费品支出的影响更加显著，但不同区域征地拆迁补偿对家庭非耐用消费品支出影响不同。

总的来看，本书系统分析了"以地谋发展"的运行机制和作用机理，梳理和总结了"以地谋发展"模式形成的基础，实证检验了土地开发过程中不同利益主体所获得的土地收入（地方政府和居民家庭）对城市经济增长宏观和微观影响。具体来看，本书的研究内容主要包括以下几方面。

第一章，提出了本书主要探讨的问题，即在土地资本化的背景下，系统分析"以地谋发展"的运行机制和作用机理。

第二章，从土地资本、土地开发等相关概念内涵进行了界定，对土地开发的理论基础进行了简要梳理，并对已有研究做了评述。

第三章，系统分析了"以地谋发展"模式的运行机制和作用机理。从广义和狭义，从地方政府和居民两个不同视角，对土地开发过程中不同利益主体所获得的土地收入（地方政府和居民家庭）对城市经济增长宏观和微观影响机制进行了详细阐述。

第四章，梳理和总结土地资本化背景下土地开发过程中"以地谋

发展"模式形成的基础，即对"以地谋发展"模式形成的制度基础
和融资模式及征地拆迁补偿等进行系统梳理和总结。

第五章，从地方政府的视角出发，实证检验地方政府在土地开发
过程中获得的土地收入用于城市公共服务设施对经济增长的影响。采
用中介效应分析方法，对城市公共服务设施在土地开发影响城市经济
增长的中介效应进行实证验证。

第六章，从地方政府的视角出发，进一步实证分析地方政府在土
地开发过程中所获得的土地收入用于城市公共服务设施对经济增长的
直接和间接影响。采用结构方程方法，对城市公共服务设施在土地开
发影响城市经济增长的直接和间接效应进行实证验证。

第七章，从居民家庭的视角出发，实证检验居民家庭在土地开发
过程中所获得的征地拆迁补偿收入对城市经济的微观影响。基于微观
调查数据，通过构建计量经济模型，实证检验居民家庭征地拆迁补偿
对家庭消费行为的影响，重点分析征地拆迁补偿对居民家庭消费行为
影响的空间差异。

第八章，分析了"以地谋发展"模式对城市经济发展带来的不利
影响，主要包括："人—地—业"联动发展失衡，欠发达地区中小城
市发展动力明显不足；地方政府对土地财政严重依赖，政府债务风险
和金融风险不断积累；房地产投机炒作日益严重，潜在金融风险明显
加大；土地增值收益分配不合理，引发社会矛盾和风险等。

第九章，总结了本书的主要结论，提出了从"以地谋发展"模式
转向"人—地—业"三元联动发展的对策建议。

需要指出的是，尽管"以地谋发展"模式极大推动了城市经济增
长，土地开发过程中地方政府和居民家庭的土地收入对城市宏观和微
观经济产生了积极的促进作用。但在新型城镇化背景下，随着国家严
格控制城镇建设用地规模，地方政府应改变以往"以地谋发展"的
模式，走土地—产业—人口三元联动的可持续发展模式。同时，从深
化研究的角度来看，关于"以地谋发展"模式的研究还有进一步深

入的空间，但是正如郑思齐等（2014）所指出的，土地开发、土地收入以及城市经济增长之间关系较为复杂，土地收入与城市经济增长之间或许存在自我强化机制和循环累积作用。因此，在本书的基础上尝试探讨土地收入与城市经济增长间的自我强化机制以及分析土地开发、土地收入以及城市经济增长间的循环累积效应也将具有重要的理论和实践意义。

目　　录

第一章 绪论

第一节 问题的提出

改革开放 40 年来，中国经历了快速的城镇化和工业化进程，经济保持了强劲的高增长，经济增长率和工业增长率保持在两位数以上，城镇化率已经超过 50%。2000—2015 年，中国城镇化率由 36.22% 增长到 56.10%，工业增加值由 40260 亿元增加到 228974 亿元，年均增长 11.48%；2015 年人均 GDP 是 2000 年的 5 倍多，达到 49351 元。对于这一经济奇迹的创造，不同的学者从不同的方面进行了解释，然而主流经济增长理论所强调的自然资源禀赋、物质和人力资本积累以及技术创新能力等，并不能很好地解释中国的长期高速经济增长。尽管也有学者从不同角度试图解释中国的经济增长问题，但与其他经济体高速工业化、城镇化阶段特征相比，土地在中国 20 世纪 90 年代中期开始的这一轮经济发展中扮演着非常重要的角色。

土地作为最重要的生产资源，是人类生存和生产生活的物质基础，是最基本的生产资料来源，能够为人类提供生产生活所必需的产品和服务（周京奎，2007）。在土地经济学中，土地的基本功能即为资源功能。土地的资源属性反映了土地存在的状态，是永恒的、第一位的，是土地成为其他属性的基础。改革开放后，中国的国有土地使用制度进行了深刻的变革，国有土地使用制度从"三无"到"三有"——由"无偿、无期限、无流动"向"有偿、有期限、有流动"转变。土地使用制度的改革促使土地作为一项生产要素开始参与社会财富的分配，为土地功能的拓展奠定了制度基础，土地开始由资源属性向资本属性转变。20 世纪 90 年代以来，随着分税制改革和住房制度改革的不断深化，土地价值不断攀升，土地资本属性日益显现。

在土地资本化背景下，一方面，从地方政府的视角来看，地方政府凭借对国有土地的垄断权力在土地开发和出让过程中获得了较大的土地出让和融资收入，逐渐成为所能掌握的最大资产。从统计数据和已有文献来看，地方政府土地收入的大部分被用于城市公共服务设施投资（蒋省三等，2007；Tao，2013）。从地方政府土地出让的支出来看，扣除土地拆迁补偿成本后，60% 以上用于城市基础设施建设。同样，地方政府以"土地财政"为支撑所搭建的各类融资平台所获得的土地融资收入也主要是用于由当地政府安排的公共基础设施项目建设。地方政府这种"以小财政撬动大城建"的城镇化融资模式极大推动了城市公共服务设施建设，公共服务设施水平的提升能够提升城市的招商引资环境，促使产业和人口集聚，推动了城市经济增长。20 世纪 90 年代以来，地方政府已经形成了"土地开发—土地收入—城市公共服务设施—城市经济增长"的发展模式，且在各地普遍流行，并显著推动了辖区城镇化进程和经济发展。

另一方面，征地拆迁是土地开发的基础和前提。从居民家庭的视角来看，在我国快速土地城镇化的背后，是对大规模农村家庭土地的征用和对居民住房的拆迁安置，由于我国现有征地拆迁补偿多为限期内一次性货币安置（王顺祥，2010），征地拆迁过程中被征地拆迁家庭一次性获得了较多的补偿收入。行为消费理论认为，消费者往往是"有限理性的"，"有限理性"的消费者一次性较大收入通过改变其预算约束，能够促使消费也随之发生改变（方福前，2006），即被征地拆迁家庭在征地拆迁过程中一次性获得的数额不菲的补偿收入可能会影响家庭消费行为。

综合来看，土地资本化背景下我国土地开发在宏观和微观两方面均对城市经济增长产生重要影响。从宏观来看，地方政府的"土地开发—土地收入—城市公共服务设施—城市经济增长"的发展模式（Fan et al.，2016；石敏俊等，2017）；从微观来看，居民家庭的"土地开发—征地拆迁补偿—家庭消费行为"的传导路径，均对我国城市经济产生重要影响。综合来看，土地资本化背景下，地方政府在土地开发中所获得的土地收入对城市经济的宏观影响和居民家庭在土地开发过程中所获得的征地拆迁补偿收入对城市经济的微观影响共同构成了"以地谋发展"模式。10 多年来，过去这种经济发展模式被中国各级政府所积极推崇并在各地普遍流行，显著推动了辖区城镇化进程和家庭消费和经济发展。

一 中国土地开发规模不断扩大

随着土地属性的扩展，开发并且经营土地逐渐成为地方政府的主要"业务"，2000 年以来，中国土地城镇化进程不断加快。建成区面积从 2000 年的 22439 平方公里增加到 2015 年的 52102 平方公里，16 年建成区面积扩张了 1.32 倍，年均增长 5.41%，远高于城镇人口年均增长速度（3.30%），其中 285 个地级以上城市市辖区建成区面积从 2001 年的 17901 平方公里增加到 2014 年的 39478 平方公里，年均增长 5.81%。具体来看，这一时期中国建成区面积扩张呈现以下几方面特征。

1. 建成区面积增速不断降低

"十五"期间建成区面积平均增速为 8.99%，而"十一五"增速却骤降为 3.80%，比"十一五"期间增速降低 5.19 个百分点，"十二五"期间建成区面积继续下降，2011—2013 年平均增速仅为 3.54%，低于"十五"期间和"十一五"期间增速（见图 1 - 1）。

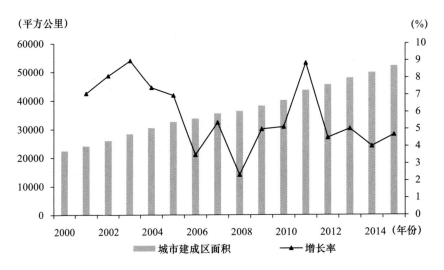

图 1 - 1　2000—2015 年中国城市市辖区建成区面积变动情况

资料来源：《中国统计年鉴》（2001—2016）。

2. 不同区域城市建成区面积增速不同

从四大区域来看，2001—2013 年，东部地区城市建成区面积增速最快，其次是西部地区，东北地区增速最低。但分时间来看，2006 年后与其他区域城市建成区面积不断减少不同，西部地区城市建成区面积增速持续增加，从 2006—2010 年的 4.95% 增加到 2011—2013 年的5.17%。按主体功能区分类来看，2001—2013 年，重点开发区城市建成区面积增速快于优化开发区和其他地区。但不同时间段不同类型主体功能区城市建成区面积增速不同。2005 年之前，优化开发区城市建成区面积增速快于重点开发区和其他地区，而 2006 年之后重点开发区和其他地区城市建成区面积增速快于优化开发区（见附录 2）。

3. 建成区面积增量与城市经济发展水平、城市规模和城市等级呈现明显正相关关系

从建成区面积增量来看，经济发展水平越高，城市建成区面积增量越大。从附录 1 可以看出，2001—2013 年，人均 GDP 大于 10 万元的城市建成区面积增量显著高于人均 GDP 在 6 万—9 万元、3 万—6

万元以及小于 3 万元的城市，人均 GDP 大于 10 万元的城市建成区面积增量分别是人均 GDP 在 6 万—9 万元、3 万—6 万元以及小于 3 万元的 1.4 倍、3.3 倍、6.8 倍、9.5 倍；同样，城市规模越大，建成区面积增量越大。城市等级越高，建成区面积增量也越大。不同时期建成区面积与城市经济发展水平、城市规模和城市等级关系不同。2005 年前，建成区面积增速与城市经济发展水平、城市规模和城市等级呈现正向关系。2005 年之前，建成区面积增速与城市经济发展水平、城市规模和城市等级表现出正相关关系。2006 年后，人均 GDP 3 万—6 万元和 3 万元以下城市建成区面积增速逐渐快于人均 GDP 6 万—10 万元及 10 万元以上城市，2011—2013 年城市建成区面积与城市经济发展水平呈现出反向关系，经济发展水平较低的城市建成区面积增速快于经济发展水平较高的城市；2006 年后城市规模与建成区面积增速逐渐呈现反向关系，大城市建成区面积增速快于超大城市和特大城市，2011 年后，中等和小城市建成区面积增速快于大城市、超大城市和特大城市；2006 年后，城市等级与建成区面积增速也逐渐呈现反向关系，省会城市和地级市建成区面积增速逐渐快于副省级城市和直辖市，2011 年后，地级市建成区面积快于省会城市、副省级城市和地级市。

二　地方政府获得大量土地收入

在土地资本化背景下，随着工业化和城镇化进程的加快，在以 GDP 为目标的政绩考核机制下，我国土地开发和出让的规模不断扩大，土地价格不断飙升（见表 1-1），地方政府凭借对土地的垄断地位，获得巨大的土地相关收入，土地相关收入成为地方政府财政收入的重要来源，形成了独具特色的"土地财政"现象，且地方政府对土地财政的依赖越来越严重。从现有对土地财政的研究来看，多数学者认为土地财政应包括土地直接相关的税收、土地有偿使用收入、土地征用及房地产相关的间接税收等（刘红梅等，2008；曹广忠等，

2007；刘守英、周飞舟等，2012）。参考李尚蒲等（2010）、顾纯俊（2012）、吴冠岑等（2013）等的研究，笔者对 2000—2014 年地方政府土地财政收入进行了测算，结果表明，2000—2014 年中国地方政府共获得 37.23 万亿元土地财政收入（见附件 1），在上述测算的土地财政收入中，土地出让收入占比最大，土地出让收入从 2000 年的 595.58 亿元增长到 2014 年的 3.4 万亿元左右，年均增长 33.0%（见表 1-2）。土地出让收入已经成为地方政府所能支配的最大的预算外收入，成为弥补地方政府财政收支缺口的重要源泉，地方政府初步形成了"吃饭靠财政、建设靠土地"格局。2000—2015 年，地方政府所获得的土地出让收入占财政收入的比重高达 50.54%（见图 1-2）。

表 1-1　　　　2000—2015 年不同利用类型土地价格　　（单位：元）

	工业用地	综合用地	住宅用地	商服用地
2000	451	918	993	1599
2001	461	961	1028	1650
2002	465	1015	1074	1735
2003	472	1070	1129	1864
2004	481	1166	1198	1988
2005	469	1468	1582	2371
2006	485	1544	1681	2480
2007	561	1751	1941	2742
2008	588	2526	3543	4465
2009	597	2653	3824	4712
2010	629	2882	4245	5185
2011	807	4201	6165	7176
2012	670	3129	4620	5843
2013	700	3349	5033	6306
2014	742	3522	5277	6552
2015	760	3633	5484	6729

资料来源：中国地价信息服务平台。

表 1 - 2　　　　2000—2014 年分省（区、市）土地出让收入情况（单位：亿元）

地区	2000	2002	2004	2006	2008	2010	2012	2014
北京	71.56	135.73	631.34	195.15	686.54	1318.87	656.45	2027.60
天津	7.79	26.68	419.67	166.56	393.59	852.96	529.03	802.00
河北	21.33	121.71	191.99	233.76	322.58	1076.32	1133.96	1101.33
山西	2.90	27.02	47.84	58.23	130.48	265.95	428.50	442.36
内蒙古	2.33	9.97	27.13	57.50	122.80	487.98	554.99	369.09
辽宁	21.21	103.83	273.45	378.07	620.51	1916.70	1775.96	1121.24
吉林	5.95	19.31	41.21	99.69	110.54	406.22	448.72	363.27
黑龙江	4.49	15.10	46.37	57.04	98.42	356.43	351.04	490.41
上海	34.83	128.25	492.18	378.78	570.26	880.09	601.67	1486.36
江苏	81.79	454.58	674.49	1197.15	1318.54	3821.81	3889.08	4430.71
浙江	117.76	462.25	874.27	1010.25	1033.89	3640.02	2029.55	2332.98
安徽	10.43	67.57	230.38	313.69	457.75	1092.93	1262.48	1813.77
福建	32.76	99.60	204.31	519.79	232.90	1138.42	1033.21	1085.18
江西	3.78	60.00	127.07	175.79	153.47	602.72	770.22	1013.95
山东	22.87	178.34	448.84	702.11	865.98	2544.35	2599.05	2756.91
河南	12.77	35.82	121.37	205.53	335.55	651.35	1083.47	1422.54
湖北	0.76	50.18	196.41	271.74	325.73	765.88	982.33	1266.56
湖南	9.65	87.39	185.25	171.50	252.79	499.59	782.73	1033.29
广东	65.22	134.22	239.00	616.02	675.44	1350.02	1517.19	3031.58
广西	8.82	30.82	130.20	127.55	135.46	424.68	504.65	631.30
海南	0.20	7.07	8.86	22.06	122.66	202.50	210.22	161.39
重庆	9.41	30.46	154.29	243.44	233.81	732.88	1187.28	1331.38
四川	20.25	66.52	360.73	470.54	469.97	1116.80	1361.94	1554.68
贵州	5.65	11.00	28.51	75.02	80.49	197.34	548.99	661.01
云南	8.30	14.78	75.33	97.49	195.97	438.16	757.73	475.89
西藏	0.05	0.57	1.91	5.99	7.81	6.67	5.90	16.65
陕西	5.05	16.02	113.36	119.14	159.15	265.33	539.27	574.84
甘肃	1.34	6.86	15.36	48.87	51.43	135.47	125.67	192.75

续表

地区	2000	2002	2004	2006	2008	2010	2012	2014
青海	0.71	2.58	2.24	2.55	3.31	47.54	43.57	73.19
宁夏	2.12	1.92	19.98	21.06	30.41	89.92	93.75	97.73
新疆	3.50	10.74	28.86	35.58	61.58	138.55	233.68	215.41
全国	595.58	2416.79	6412.18	8077.64	10259.80	27464.48	28042.28	34377.35

资料来源：《中国国土资源统计年鉴》（2001—2015）。

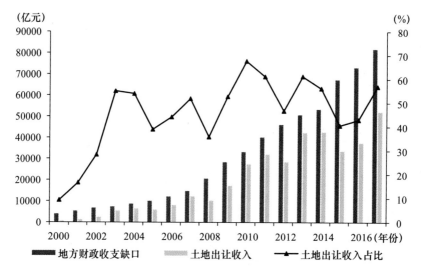

图 1-2 中国财政收支与土地出让收入的变动情况

资料来源：《中国国土资源统计年鉴》《中国统计年鉴》和财政部《全国土地出让收支情况》。

　　地方政府在土地开发过程中除直接获得土地财政收入外，还积极以土地财政收入为支撑，搭建各种不同类型的地方投融资平台，通过土地抵押和土地担保获得土地融资收入，为城镇化建设融资，积极获得土地融资收入。笔者认为，地方政府的土地融资收入主要包括土地抵押贷款收入和以土地为担保所发行的"城投债"。从统计数据来看，截至 2015 年底，全国 84 个重点城市共有 49.08 万公顷土地被抵押，地方政府所获得的抵押贷款总额为 11.33 万亿元，全年土地抵押面积净增 3.87 万亿公顷，抵押贷款净增 1.78 万亿元。

由于系统性的土地财政收入面板数据难以获得，在本书以下分析中，笔者将用地方政府在土地开发中所获得的土地出让收入和融资收入来表征土地收入。

三　土地收入的大部分用于城市公共服务设施

从已有研究及统计数据来看，地方政府土地收入的大部分用于城市公共服务设施建设，如用于城市道路、供水供气管道和城市绿化等（蒋省三等，2007；Lin，2007；Liu，2008；Tao，2013；Fan et al.，2016）。

首先，从地方政府土地出让收入的支出来看，地方政府土地出让纯收益的大部分用于城市公共服务设施建设，扣除土地拆迁补偿成本后，约60%用于城市基础设施建设。2008—2015 年土地出让纯收益中用于城市公共服务设施投资的总计达到 3 万亿元之多，占土地出让纯收益的 54.82%[1]（见表 1-3）。

从地方政府土地出让的支出来看，同样，地方政府以"土地财政"为支撑所搭建的各类融资平台所获得的土地融资收入也主要是用于由当地政府安排的公共基础设施项目建设，土地融资收入成为地方政府城市基础设施建设的主要资金来源。刘守英和蒋省三（2007）通过对东部沿海地区 J 市的调研发现，J 市 1999—2003 年的基础设施投资总额为 233.27 亿元，其中财政投入仅为 30 亿元，占基础设施投资总额的 12.8%；土地出让收入投入 33.27 亿元，占比为 14.3%；而土地融资收入的投资达到 170 亿元，占比高达 72.88%。地方政府这种"以小财政撬动大城建"的城镇化融资模式极大推动了城市基础设施建设，公共服务设施水平的提升能够提升城市的招商引资环境，

---

① 因 2013 年数据缺失，并没有将 2013 年数据包含在内。

表 1-3　2008—2014 年土地出让收入支出情况

	2008	2009	2010	2011	2012	2014	2015
土地出让收入	9942.10	14239.70	29397.98	33477.00	28886.31	42940.30	33657.73
补偿性成本支出总计	5505.62	7569.52	17024.54	23836.39	22624.90	21216.03	26844.59
土地出让业务费	71.05	86.89	157.45	217.37		3529.96	—
土地出让收益	4563.08	6868.84	12215.99	9423.24	6261.41	8987.93	6883.19
城市建设	3024.02	3340.99	7531.67	5564.88	3204.15	4063.02	3531.53
保障性安居工程支出	145.57	187.10	463.62	662.35	593.01	760.10	823.49
农村基础设施建设	338.30	433.10	1021.68	993.11	488.08	428.90	—
新增建设用地有偿使用费	638.71	923.11	983.73	—	—	—	—
计提农业土地开发基金	126.07	143.00	188.87	1067.59	1017.17	1146.72	
计提农田水利建设资金	—	—	—	140.75	224.59		—
计提教育资金	—	—	—	504.97	269.95	377.03	436.69

资料来源：财政部《全国土地出让收支情况（2008—2015）》（2013 年数据缺失）。

促使产业和人口集聚，推动了城市经济增长。至此，20世纪90年代以来，地方政府已经形成了"土地开发—土地收入—城市公共服务设施—城市经济增长"的发展模式，且在各地普遍流行，并显著推动了辖区城镇化进程和经济发展（刘守英等，2012；Fan et al.，2016；石敏俊等，2017）。

四 房地产成为城市经济发展的支柱产业

房地产市场与土地市场是互动影响的关联资产市场。伴随着土地开发规模的不断扩大，我国房地产开发投资规模也不断上升。房地产开发投资规模从2000年的4984亿元增至2017年的109799亿元，年均增速高达20%，2000年以来，房地产开发投资占全社会固定资产投资的比重均在15%以上（见图1-3）。住宅地产销售面积从2000年16570万平方米增至2016年13.75亿平方米，17年共销售120.37亿平方米（见图1-4）。随着房地产市场的不断发展以及住房价格的不断上涨，以房地产资产为代表的非金融资产财富也在迅速积累，在整体资产财富中所占的比重也在逐年递增。伴随着房地产价格的不断上

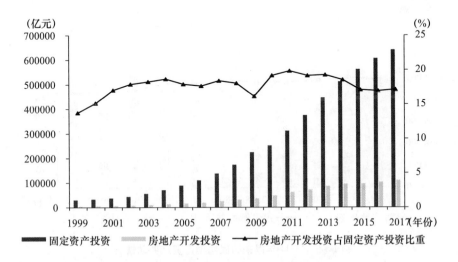

图1-3 历年房地产开发投资情况

资料来源：《中国统计年鉴》。

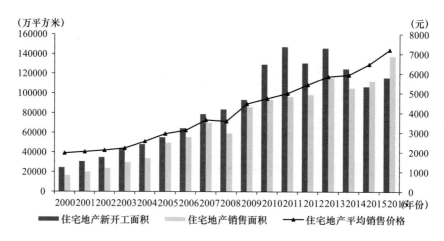

图 1-4 历年住宅地产新开工和销售面积

资料来源：《中国统计年鉴》。

涨，居民（本书中包括个人和企业）在土地二级市场上的房地产资产不断上升，并且逐渐成为其重要财产，成为居民财富的重要组成部分（见图 1-5）。随着居民财富的不断增加，居民资产的财富效应越来越

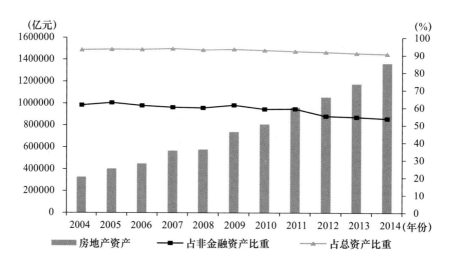

图 1-5 2004 年以来居民房地产资产变动情况

资料来源：李扬：《中国国家资产负债表 2015：杠杆调整与风险管理》，中国社会科学出版社 2015 年版。

重要，其作为区域经济活动中一个重要的环节受到了越来越多的关注。

五　被征地拆迁家庭一次性获得大量补偿收入

征地拆迁补偿是土地开发的基础和前提。从居民家庭的视角来看，地方政府的土地开发过程，是对大规模农村家庭土地的征用和对居民住房的拆迁安置的过程。中国现有征地拆迁补偿多为限期内一次性货币安置（王顺祥，2010），土地开发过程中被征地拆迁家庭一次性获得了数额不菲的补偿收入。从统计数据来看，土地开发过程中土地补偿性成本占土地出让收入的比重较大且呈不断增加趋势。2015年，土地开发成本（包含征地拆迁补偿）达到 26844.59 亿元，占土地成交总价款的 79.60%。CHFS 数据显示，经历拆迁的家庭资产状况明显高于未经历拆迁的家庭，经历拆迁家庭的总资产、净资产、金融资产以及非金融资产的规模的中位数都大于未经拆迁的家庭。这种现象在城市尤为显著，城市拆迁家庭总资产中位数为 54.7 万元，是城市未拆迁家庭的 1.8 倍；城市拆迁家庭净资产中位数为 48.3 万元，是未拆迁家庭的 1.9 倍。同时，城市拆迁家庭平均拥有住房套数以及其价值均高于未拆迁家庭。拆迁家庭平均拥有房产 1.26 套，房产均值为 30 万元；而未拆迁家庭平均拥有房产为 1.18 套，拥有房产均值仅为 11 万元，为拆迁家庭的 1/3 多（甘犁，2013）。

第二节　研究方案

一　研究目标

基于以上背景，本书主要系统梳理和总结"以地谋发展"模式的形成基础，揭示土地资本化背景下土地开发对城市经济增长的作用机制和传导路径，实证检验土地资本化背景下土地开发过程中不同的利益主体（地方政府和居民家庭）所获得的土地收入对城市经济增长的宏观和微观影响。一方面，从宏观视角出发，分析地方政府在土地开发过程中所获得土地收入对城市经济增长的作用机制和传导路径，实证检验土地资本化背景下城市公共服务设施在土地开发对城市经济增长影响上的中介效应，探究地方政府土地收入对城市经济增长的直接和间接影响。另一方面，从微观视角出发，实证检验居民家庭在土地开发过程中所获得的征地拆迁补偿收入对城市经济的微观影响，分析居民家庭所获得的征地拆迁补偿收入对家庭不同消费行为的影响。

二 研究内容

本书的研究内容主要是系统梳理和总结"以地谋发展"模式形成的基础，实证分析土地开发对城市经济增长的作用机制和传导路径，即对土地资本化背景下土地开发过程中不同的利益主体（地方政府和居民家庭）所获得的土地收入对城市经济增长的宏观和微观影响进行实证分析。具体来看，本书的研究内容主要包括以下几方面。

一是系统梳理和总结土地资本化背景下土地开发过程中"以地谋发展"模式形成的基础，即对"以地谋发展"模式形成的制度基础和融资模式及征地拆迁补偿等进行系统梳理和总结。

二是从地方政府的视角出发，实证检验地方政府在土地开发过程中获得的土地收入用于城市公共服务设施对经济增长的影响。采用中介效应分析方法，对城市公共服务设施在土地开发影响城市经济增长的中介效应进行实证验证。

三是从地方政府的视角出发，进一步实证分析地方政府在土地开发过程中所获得的土地收入用于城市公共服务设施对经济增长的直接和间接影响。采用结构方程方法，对城市公共服务设施在土地开发影响城市经济增长的直接和间接效应进行实证验证。

四是从居民家庭的视角出发，实证检验居民家庭在土地开发过程中所获得的征地拆迁补偿收入对城市经济的微观影响。基于微观调查数据，通过构建计量经济模型，实证检验居民家庭征地拆迁补偿对家庭消费行为的影响，重点分析征地拆迁补偿对居民家庭消费行为影响的空间差异。

三　研究方法

基于上述研究内容，本书主要采用以下 3 种实证研究方法来揭示土地开发对城市经济增长的作用机制和传导路径，检验土地开发过程中不同利益主体所获得的土地收入对城市经济增长的宏观和微观影响。3 种实证分析方法具体如下。

一是中介效应分析模型。中介效应分析广泛用于社会科学研究中，主要用于分析自变量对因变量的影响过程和作用机制，在一般研究中，自变量 X 对因变量 Y 的影响是通过变量 M 起作用，其中 M 即为中介变量，中介变量 M 揭示了自变量 X 对因变量 Y 影响的内部机制。总结来看，中介效应分析的检验方法主要包括：逐步回归法、数乘积检验法、差异系数检验等。此前检验中介效应最流行的方法是巴伦（Baron）和凯尼（Kenny）的逐步法，但该方法近年来不断受到批评和质疑，目前学术界普遍认为自助法（Bootstrap）能够较好地直接检验系数乘积。

二是结构方程分析模型。结构方程模型是基于变量的协方差矩阵来分析变量之间关系的一种统计方法，是一种融合了因素分析和路径分析的多元统计技术。主要用于解决在经济、管理等社会科学研究中传统的统计方法不能很好解决的多个原因、多个结果的关系或者不可直接观测的变量（潜变量）等问题，同时对抽象的概念进行估计与检定，并同进行潜在变量的估计与复杂自变量/因变量预测模型的参数估计方法。

三是经济计量模型法。经济计量分析是规范的经典经济分析方法，是通过统计推论方法对经济变量之间的关系做出数值估计的一种数量分析方法。

四　研究思路与结构框架

本书主要从土地资本化背景出发，揭示土地开发对城市经济增长的作用机制和传导路径，实证检验土地开发过程中不同利益主体（地方政府和居民家庭）所获得的土地收入对城市经济增长的宏观和微观影响。首先，本书系统梳理和总结了土地资本化背景下土地开发过程中"以地谋发展"模式形成的基础，对"以地谋发展"模式形成的制度基础和融资模式即征地拆迁补偿等进行归纳和总结；其次，从地方政府的视角，采用中介效应分析方法，实证检验地方政府在土地开发过程中所获得的土地收入用于城市公共服务设施对城市经济增长的影响；再次，在上述分析的基础上，采用结构方程方法，进一步实证检验地方政府在土地开发过程中所获得的土地收入对经济增长的直接和间接作用；最后，从居民家庭的视角出发，利用微观调查数据，通过构建经济计量模型，实证检验居民家庭在土地开发过程中所获得的征地拆迁补偿对家庭不同消费行为影响的空间差异性。具体来看，本书研究框架主要由以下部分组成。

第一章：绪论。本章系统梳理了研究的背景，并基于此提出了本书所要研究的主要问题，介绍了本书的研究方案，包括研究目标、内容、方法、思路与结构框架等，最后提出了本书研究的创新点。

第二章：理论基础及文献综述。本章主要从理论和实证两方面梳理和总结土地开发与经济增长的关系，对土地在经济增长理论的作用、土地开发的资源属性与经济增长关系（城市建设用地扩张与经济增长关系）、土地的资本属性与经济增长的关系（土地收入与经济增长关系）和土地开发过程中征地拆迁补偿的经济效应等方面的研究现状进行综述。

第三章："以地谋发展"运行机制。本章对土地资本化背景下土地开发过程中不同的利益主体（地方政府和居民家庭）所获得的土地收入对城市经济增长的影响机制进行了详细分析，主要包括土地财政通过城市公共服务设施的中介作用显著影响城市经济，土地开发过程中房地产开发投资对城市经济增长的影响，低成本的工业用地促使产业集聚推动城市经济增长，征地拆迁补偿对居民家庭消费的影响等。

第四章：土地开发过程中"以地谋发展"模式的形成基础。本章主要是系统梳理和总结土地资本化背景下土地开发过程中"以地谋发展"模式形成的基础，分析"以地谋发展"模式形成的制度基础和融资模式及其征地拆迁补偿等。

第五章：土地开发过程中城市公共服务设施中介效应的实证分析。本章主要从地方政府的视角出发，实证分析地方政府在土地开发过程中所获得的土地收入用于城市公共服务设施对城市宏观经济增长的影响。即采用中介效应方法，对城市公共服务设施在土地开发影响城市经济增长的中介效应进行实证验证。

第六章：土地开发对城市经济增长的直接和间接影响。本章在第五章的基础上进一步实证分析地方政府在土地开发过程中所获得的土地收入用于城市公共服务设施对经济增长的直接和间接影响，即采用结构方程方法，对城市公共服务设施在土地开发影响城市经济增长的直接和间接效应进行实证验证。

第七章：土地开发过程中征地拆迁补偿对家庭消费行为的影响。本章从居民家庭的视角出发，实证分析居民家庭在土地开发过程中所获得的征地拆迁补偿收入对城市经济的微观影响。即利用微观调查数据，通过构建经济计量模型，检验居民家庭征地拆迁补偿对家庭消费行为的影响，着重分析居民家庭的拆迁补偿收入对家庭不同消费行为影响的空间差异性。

第八章："以地谋发展"模式对城市经济发展带来的不利影响。本章主要对"以地谋发展"对城市经济的不利影响进行了详细分析，主要包括"人—地—业"联动发展失衡，地方政府潜在债务和金融风险加大、征地拆迁引发大量社会矛盾、房地产投机炒作严重等。

第九章：结论与启示。本章总结了本书的主要研究结论，并结合本书相关研究总结了我国"以地谋发展"模式存在的问题，并提出了新型城镇化背景下中国城市土地开发推动经济发展需要注意的几个方面。

第三节　研究创新之处

本书的研究从中国经济社会发展中的现实问题入手，以事实和数据为依据，保持研究的科学性和客观性，梳理和总结了土地资本化背景下土地开发过程中"以地谋发展"模式的形成基础，并将"以地谋发展"模式总结为土地开发过程中不同利益主体所获得的土地收入对城市经济增长的宏观和微观影响。从宏观视角来看，地方政府"土地开发—土地收入—城市公共服务设施—城市经济增长"的发展模式；从微观视角来看，居民家庭的"土地开发—征地拆迁补偿—家庭消费行为"对城市微观经济产生重要影响。本书在实证检验土地开发过程中不同利益主体（地方政府和居民家庭）所获得的土地收入对城市经济增长宏观和微观影响时，不仅注重理论框架和研究视角的创新，而且也注重交叉学科研究方法的创新应用（探索性地将中介效应模型和结构方程模型应用于规范经济研究中）。综合来看，本书在研究视角和研究方法上有若干突破和创新，本书具体研究特色与创新点如下所示。

第一，系统梳理城市公共服务设施在土地开发影响城市经济增长中的作用，利用中介效应模型，对城市公共服务设施在土地开发影响城市经济增长的作用进行实证检验，验证了城市公共服务设施在土地开发影响城市经济增长过程中发挥的部分中介作用。这一研究揭示了公共服务设施在土地开发影响城市经济增长中的作用，拓展了关于土地开发对城市经济增长影响的研究范畴，在一定程度上揭示了土地开发对城市经济增长的作用机制和传导路径。

第二，在中介效应分析的基础上，利用结构方程模型，实证检验了土地开发对城市经济增长的作用机制和传导路径，测算出了土地开发过程中土地收入对城市经济增长的直接影响、间接影响和总影响，发现土地收入通过公共服务设施影响城市经济增长的间接作用远大于直接作用，且在间接效应中，不同时间段产业集聚和常住人口变动影响的大小不同。本书弥补了学者们关于土地开发对城市经济增长的作用机制和传导路径的研究，科学合理地评价了地方政府土地开发过程中所获得的土地收入对城市经济增长的影响，深化了人们关于土地开发对城市经济增长影响的认识。

第二章　理论基础及文献综述

第一节　相关概念界定

一　从土地资源到土地资本

土地资源是指已经被人类所利用和可预见的未来能被人类利用的土地。土地具有资源功能或者说土地是一种资源，是指土地作为生产要素和环境要素，是人类生产、生活和生存的物质基础和来源，可以为人类社会提供多种产品和服务。土地作为一种资源，是土地的物质和能量对人类社会需求的不可替代的重要性所决定的，因而是永恒的、第一位的，是土地的本质属性。土地资源既包括自然范畴，即土地的自然属性，也包括经济范畴，即土地的社会属性，是人类的生产资料和劳动对象。从土地资源的概念可以看出，土地资源具有三大特性：一是土地资源的生产性。土地资源具有生产力，即可以生产出人类某种需要的植物产品和动物产品，这是土地资源的本质属性之一，也是区别于土壤资源的重要标志。土地一旦失去生产力，也就不成其为资源。二是土地资源的稀缺性。土地资源的稀缺性既是相对的，又是绝对的。土地资源的稀缺不仅表现为不同用途的土地资源数量的稀缺，而且也表现为不同地区土地资源的相对稀缺。土地资源在总体上属再生性资源，本质上是土地资源的供给与需求之间、产出与消费之间的匹配和谐问题，它表现为相对稀缺性。三是土地资源的可选择性。可选择性是指在土地资源的多种用途中，人类可以选择能使效益最大化的用途，以达到地尽其用。一般来说，土地资源趋向于选择那些收益最高的用途。每当不同土地利用方式的有效需求发生变化，土地用途也随之转移。

土地资产是指具有明确的权属关系和排他性，并具有经济价值的土地资源。土地的资产功能是指土地可以作为财产使用，业主将其占用的土地资源作为其财产或作为其财产的权利。业主可以将其拥有的土地或土地产权视作财产变卖获取收益，而他人取得土地这种财产则需要付出一定的经济代价或成本。土地的使用可为土地使用者带来一定的经济效益。土地资产是土地的经济形态，是资本的物的表现。但并非所有的土地资源都能转化为土地资产，没有即期使用或近期内不可能使用的土地不具有资产属性。土地资产是土地资本的物的表现。

当土地资产被投入市场，使其为所有者带来预期收益，产生增值，土地资产就转化为土地资本，表现为土地权属关系上的转让、出租或自己投入使用。土地资本经营的前提是资产。土地资源转化为土地资本的标志，一是地租，二是利润。

中国实行土地公有制度。改革开放以前，一直是无偿、无限期、无流动使用，这一阶段的土地使用仅仅呈现为绝对的自然资源属性。从管理的法定对象上考察，《中华人民共和国宪法》和《中华人民共和国土地管理法》也载明土地管理是纯粹的资源管理，因而土地资本经营缺乏应有的基础条件。1987 年开始推行土地有偿使用后，国家和地方的法律、法规和政策性文件都做了相应的修改，允许土地有偿使用。土地作为特殊商品进入市场，土地产权人则通过地租资本化使土地具有价格：一方面体现其固有的使用价值，另一方面显化了土地应有的交换价值，完成了土地仅仅具有资源属性向资源、资产双重属性的蜕变。

二　土地开发的内涵、类型

从广义来讲，土地开发指因人类生产建设和生活不断发展的需要，采用一定的现代科学技术的经济手段，扩大对土地的有效利用范围或提高对土地的利用深度所进行的活动，包括对尚未利用的土地进行开垦和利用，以扩大土地利用范围，也包括对已利用的土地进行整治，以提高土地利用率和集约经营程度。从狭义的角度来看，土地开发主要是对未利用土地的开发利用，要实现耕地总量动态平衡，未利用土地开发是补充耕地的一种有效途径。按开发后土地用途来划分，土地开发可分为农用地开发和建设用地开发两种形式。其中，农用地开发包括耕地、林地、草地、养殖水面等的开发；建设用地开发指用于各类建筑物、构筑物用地的开发。本书所指的土地开发是对建设用地的开发。

土地开发是中国特有的名词。在国外，与之对应的是"棕地已开发过的土地开发"，或"土地再开发"。与棕地相对应的是绿地的概念。1980 年美国颁布《环境反应、赔偿与责任综合法》，该法案将棕地定义为"废弃及未充分利用的工业用地，或是已知或疑为受到污染的用地"。在英国，棕地是指"被以前的工业使用污染，可能会对一般环境造成危害，但有逐渐增强清理与再开发需求"。目前，美国环保署和住房与城市发展部关于棕地内涵的界定被社会各界广泛认同，即"已被废弃的、闲置的或未被完全利用的工业或商业用地，其扩展或再开发受现有或潜在的环境污染影响而变得复杂"。从以上定义中不难看出，棕地既可以是废弃的，也可以是仍在利用之中的。由于中国城市与农村土地的所有权主体不同，城市土地属于国家所有，政府是其所有权人代表。因此，国内学者及政府法规文件中多从土地所有权角度来定义土地开发。从土地开发阶段来看，中国土地开发分为土地一级开发和土地二级开发。从土地一级开发的范围上来看，土地一级开发有广义和狭义之分。广义的土地一级开发是政府在国有土地使用权出让前对土地的综合整理，涵盖了土地征购、土地开发及土地储备三个环节，政府应完成土地收回、收购、整治、置换、征收等土地征购储备，由政府取得完整的国有土地所有权，并确定地块的规划条件和指标、市政配套设施实施条件以及供地计划等一系列开发事项。而狭义的土地一级开发仅指"土地整治",即政府土地储备机构或企业对收购储备的国有土地进行地上物拆除、场地平整、市政配套基础设施建设等,达到"三通一平""五通一平""七通一平"或其他供应"熟地"的条件。其核心思想是通过区分土地一级开发商和二级发展商,实现土地一二级市场生产的专业化,以土地市场一级开发这种专业化的生产方式,变"生地"和"毛地"为满足房产市场二级开发建设条件的"熟地",让二级发展商不再承担与房屋建设无关的涉及土地开发及基础设施建设的工作,从而提高房地产业链条中企业的专业化程度,有利于发挥一二级开发企业的比较优势。从一级开发土地来源看,有增量土地和存量土地之分。增量土地即通常意义上的农用地转用为建设用地,一般用于新城建设;而存量土地主要指旧城区改造、退二进三项目。

从国家政策文件关于土地开发的界定来看,原《关于印发〈土地储备管理办法〉的通知》(国土资发〔2007〕277号)、《关于坚决制止地方以政府购买服务名义违法违规融资的通知》(财预〔2017〕87号)等,用的是"土地储备"或"储备土地前期开发"等概念,"土地一级开发"与"土地储备"或"储备土地前期开发"是否内容相同或相近,笔者对照地方法规和国家层面法规,对土地一级开发的主要内容进行对比(见表2-1)。

表2-1 国家相关部门及地方政府关于土地一级开发内涵的界定

文件名	定义	组织机构
《北京市土地储备和一级开发暂行办法的通知》	本办法所称土地储备和一级开发,是指政府依法通过收购、收回、征收等方式储备国有建设用地,并组织实施拆迁和市政基础设施建设,达到特定供应条件的行为。	市国土资源局负责本市土地储备开发管理工作,并委托土地储备机构组织实施。

续表

文件名	定义	组织机构
《通化市政府储备土地一级开发整理暂行办法》	本办法所称政府储备土地一级开发整理，是指在政府依法通过收购、收回、征收等方式储备的国有土地，进行组织实施拆迁、平整和市政基础设施建设，达到土地供应条件的行为。	市国土资源局作为行政主管部门负责本市储备土地开发管理工作，并委托市土地收购储备管理中心组织实施。
《包头市土地一级开发暂行办法》	本办法所称土地一级开发，是指政府依据国民经济和社会发展计划、城市总体规划和土地利用总体规划，对城市国有土地或者农村集体土地统一组织实施征地、拆迁、安置、补偿以及适当的市政配套设施建设，使该区域范围内土地具备规定的土地供应条件的行为。	市土地收购储备管理委员会为土地一级开发工作的决策机构，负责制定土地一级开发政策，审定土地一级开发计划、项目实施方案，研究解决土地一级开发工作中其他重大事项。
《关于印发昆明市社会资金参与土地一级开发整理项目的办法（修订）的通知》	本办法所称参与土地一级开发整理，是指在市人民政府授权市级国有投资公司或县级地方人民政府进行土地一级开发整理过程中，社会资金参与一定区域内土地的征地、拆迁、安置，实施道路、供水、供电、供气、排水、通信、照明、绿化、土地平整等市政基础设施配套建设工作，使该区域内土地具备供应条件的行为。	市人民政府授权市级国有投资公司或县级地方人民政府进行土地一级开发整理工作。
国土资源部 财政部 中国人民银行《关于印发〈土地储备管理办法〉的通知》	本办法所称土地储备，是指市、县人民政府国土资源管理部门为实现调控土地市场、促进土地资源合理利用目标，依法取得土地，进行前期开发、储存以备供应土地的行为。	土地储备工作的具体实施，由土地储备机构承担。

　　土地二级开发即土地使用者将达到规定可以转让的土地通过流通领域进行交易的过程。包括土地使用权的转让、租赁、抵押等。长时间以来，中国土地一级开发市场由政府垄断，市场化运作经验缺失，"生地出让""一二级联动"等土地开发模式占据主流。

本书所指的土地开发是土地一级开发和土地二级开发的集合，也包括部分学者所称的土地三级开发即附属于土地上的房地产开发。因此，本书所指的土地开发是一个广义的概念，指土地从耕地转为城市建设用地及建设过程中，由于土地经济属性所生产的一切经济活动的总和。

第二节　理论基础

一　地租理论

西方经典地租理论按照发展阶段可分为古典流派、马克思流派和现代流派。古典流派主要代表人物包括威廉·配第、亚当·斯密和大卫·李嘉图。威廉·配第是首次提出地租理论的人，他从劳动价值论和工资论出发研究地租；亚当·斯密是最早系统地研究地租问题的人，他认为地租是随着土地私有制的产生而出现的范畴，是资本主义社会里地主阶级的收入；马克思在《资本论》中全面系统地研究了资本主义的各种地租形式，以科学的劳动价值论和剩余价值论为基础，揭示了资本主义地租的本质。马克思地租、地价理论以坚持劳动价值论为出发点，主要从生产关系的角度进行分析，揭示资本主义地租的本质是剩余价值的转化形式之一，阐明了资本主义地租的三种形式：绝对地租、级差地租和垄断地租。现代流派认为李嘉图的地租理论是不完善的，尽管地租是因为使用了土地而给予的支付，但它还与土地这个生产要素的一大特性相关联——土地的供给是非弹性的。使用土地的报酬只是商业租金，它包含两种成分：转移收入和经济租金。地租实际上是一种分配工具，总是把土地分配给出价最高者，即所谓的"最高租金原则"。阿兰索的地租模型是现代地租流派中最杰出的代表，他将空间作为地租问题的一个核心进行了考虑，并首次引进区位平衡这一新古典主义概念，同时成功地解决了城市地租计算的理论方法问题。

二 土地报酬递减理论

土地报酬递减是指在技术不变、其他要素不变的前提下，对相同面积的土地不断追加某种要素的投入所带来的报酬的增量（边际报酬）迟早会出现下降。土地报酬递减规律表明，土地生产力水平主要取决于投入要素与土地的比例关系是否配合得当。在土地利用的第一阶段，由于投入要素不足，土地资源利用和生产潜力都没有得到充分发挥，导致总体报酬收益没有达到最佳范围。而第三阶段则因为投入资源过多，超出土地的承载力，总报酬全面下降。只有在第二阶段，投入资源与土地配合比例在数量上较为接近，且每次增加的投入都能带来总报酬的规模递增。因此，在土地开发和利用过程中，要充分理解边际收益等于边际成本的原则，科学确定生产要素最佳投入量和产品产量，尽量将土地利用和生产进程控制在规模报酬递增的第二阶段，以提升土地利用效率。

三 竞租理论

土地使用者根据各自所能支付的地租和在该块土地上可能获得的最大收益权衡决定支付价格，进而为获取土地使用权而彼此竞争的现象，称为"竞租"。"竞租理论"即地理学中关于土地随着城市中心距离增加而变化时价格和需求变动状况的理论。一般来说，当市场机制决定土地价格时，土地所有者最终会将土地出让或出租给出价最高的潜在使用者。当市场达到均衡时，土地使用者无法通过改变地块位置谋取更多利润，土地所有者也无法通过改变地价增加收益。按照时间顺序来看，竞租理论的发展可以分为以李嘉图和杜能为代表的农业竞租理论以及马歇尔、阿兰索等人基于新古典经济理论提出的城市竞租理论。李嘉图从农业用地的角度来考察地租问题，提出了级差地租的概念。地租的产生有两个前提条件：一是土地的稀缺性，二是土地的差异性。阿兰索的地租模型是新古典主义地租模型中最杰出的代表，他将空间作为地租问题的一个核心进行了考虑，并首次引进了区位平衡这一新古典主义概念，同时成功地解决了城市地租计算的理论方法问题。

第三节 文献综述

一 经济增长理论中土地的作用

从古典经济增长理论到新古典经济增长理论以至内生经济增长理论，土地在经济增长理论中的重要性不断下降。在古典经济学中，土地的作用受到极大的重视，被视为三大生产要素之一，佩蒂（Petty，1899）甚至认为"土地是财富之母"，其投入数量与质量对经济增长会产生重要影响。但从长期来看，土地供给弹性较小，在土地不变的前提下一味追加劳动的投入会带来边际产出递减，导致土地无法支撑经济持续增长，最终促使经济增长率趋同（Ricardo，1817；Malthns，1888）。新古典经济增长理论和内生增长理论则强调技术进步等因素对经济增长的影响，认为资本、劳动力等要素可以替代土地，技术进步、制度等因素的增加可以抵消土地等自然资源对经济增长的制约作用，经济增长不可能受到自然资源绝对缺乏所阻碍（Solow，1956；Arrow，1962；Romer，1986；Lucas，1988）。舒尔茨（Schultz，1968）认为："人类的未来是开放的，并不为空间、能源及土地所决定。"他通过对美国的研究发现，自然资源（包括土地）对美国国民收入的贡献仅为5%。他认为经济增长并不能为空间、能源及土地所决定，技术进步和知识积累可减少对诸如土地等稀缺性资源的依赖程度（Schultz，1980）。这一时期内生经济增长理论学者对土地与经济增长关系的研究，主要集中在从理论上探讨包含土地要素的经济增长模型中的平衡增长路径、动态无效率等问题（Ara，1961；Nichols，1970；McCain，1970；Phee，1991）。

但作为一种生产要素，由于土地资源的稀缺性，土地供给长期缺乏弹性，一些经济学者开始将土地资源等因素纳入到内生增长模型中，进而探讨土地资源的有限约束性对经济增长的影响。在上述研究中有学者提出了"growth drag"概念，分析由资源和土地约束使得经济增长下降的程度，探讨土地等自然资源稀缺条件下经济可持续增长问题（Nordhaus，1992；Romer，2001）。

二　关于土地开发与经济增长关系的实证研究

改革开放以来，随着中国城镇化、工业化进程快速推进，中国土地开发规模不断扩大，城市建设用地面积从2001年的24192.73平方公里扩大到2014年的49982.74平方公里，年均增长5.32%。土地开发对我国城市经济发展产生了显著的影响（蒋省三等，2007；刘守英等，2012）。但从现有研究来看，学者们主要从两个方面对中国土地开发与经济增长的关系进行分析：一是从土地资源的角度出发，研究土地开发过程中城市建设用地扩张与城市经济增长的关系；二是从土地资本化背景下，研究土地开发过程中地方政府所获得的土地收入与城市经济增长间的关系。

（一）城市建设用地扩张与经济增长关系的研究

土地作为一种重要的生产要素，是经济活动的重要载体。从理论研究来看，国内学者以国外主流经济学和土地经济学理论为基础，构建了包含土地要素的扩展索洛模型（丰雷，2008）、新古典框架下的土地要素与经济增长关系模型（武康平等，2009），分析平衡增长路径、动态无效率等问题。丰雷（2008）的扩展索洛模型分析表明，引入土地要素后仍然存在平衡增长路径，但要保证人均产出的平衡正增长，必须确保技术进步率快于建设用地增加率；武康平等（2009）基于其提出的产出土地弹性和土地利用技术增长率的概念，研究发现产出土地弹性越小，土地利用技术增长率越高，稳态经济增长率越高。

针对中国城市建设用地规模不断扩大的事实，更多的学者实证研究了中国城市建设用地与经济增长的关系。一方面，有学者认为土地作为一种基本的生产要素，城市建设用地的扩张显著推动了中国经济增长（毛振强等，2007；李名峰，2010；Ding et al.，2011）。毛振强等（2007）、姜海等（2009）在 C – D 生产函数、李名峰（2010）则在超越对数生产函数中加入土地要素，通过构建计量经济模型，实证检验了中国城市建设用地扩张对经济增长的影响，研究结果均表明土地投入对经济增长具有显著的正向影响，且土地要素对中国经济增长的贡献率基本处于 8% 以上的水平。然而有学者考虑到城市建设用地的空间相关性，利用空间计量的方法对中国城市建设用地与经济增长的关系进行了探讨，叶剑平等（2011）采用空间误差模型、谭术魁等（2012）则采用空间 Durbin 模型，结果发现空间计量分析的土地要素对经济增长的贡献率大于一般的计量经济分析结果。然而由于中国实行最严格的耕地保护制度，中央政府对城市建设用地实行指标分配制度，城市建设用地实际面临指标约束。Ding 等（2011）通过构建面板数据模型，对城市建设用地面临约束的情况下，中国城市经济增长问题进行了分析，结果发现在东部沿海地区土地的可获得性会制约经济增长，其他地区则没有，同时通过弹性分析表明，土地供给的产出弹性高于固定资产投资和外商直接投资的产出弹性、劳动力供给弹性和政府支出弹性。

另外，也有学者认为城市建设用地扩张是城市经济增长的重要结果（Lin，2007；Deng et al.，2008；Gibson et al.，2014）。Deng et al.（2008）在城市单中心模型框架下，利用 20 世纪 80 年代至 2000 年高分辨率卫星影像土地数据，对中国建成区面积扩张的驱动因素进行了分析，结果发现经济增长和产业集聚是影响建成区扩张的主要原因；由经济的快速发展所导致的城市建设用地的需求不断增加，导致土地利用方式发生了变化，大量土地由农业用地向城市建设用地转变（Lin et al.，2005；Gao et al.，2015）。黄志基、贺灿飞等（2013）、He et al.（2014）从土地利用变化的角度，全面总结了土地利用变化与经济增长间的关系，认为土地利用变化和经济增长互为因果，土地利用变化主要通过两种方式直接和间接推进城市经济增长：一种是土地作为一种生产要素，能够直接作用于生产，推动经济增长；另一种是我国土地利用变化能够影响地方政府财政收入，通过增加地方政府的财政收入，从而促使地方政府加大对城市公用设施建设投资，进而改善招商引资条件，吸引外商直接投资，间接促进经济增长。

同时，借鉴"growth drag"的研究框架，国内学者在不同的生产函数框架下，对土地资源等自然资源对中国经济增长制约效应进行了大量研究。薛俊波、王铮等（2004）将土地资源纳入到基于 C - D 生产函数的经济增长模型中，通过推导出的"growth drag"计算公式，测算出中国土地资源的"growth drag"约为每年 GDP 增长率的 1.75%；崔云（2007）基于 Solow 经济增长模型，杨杨、吴次芳（2010）等基于改进的 CES 生产函数等对中国土地资源的"growth drag"进行了实证测算，研究发现中国土地资源对经济的"growth drag"影响存在，且其对 GDP 的影响在 1% 上下浮动；曾伟（2014）基于改进的固定替代弹性生产函数（CES），考察了土地资源约束对城市经济的"growth drag"影响。研究结果显示土地资源约束对中国城市经济的"growth drag"的平均水平约为 0.24%，其结果小于土地资源约束对中国整体经济的"growth drag"水平。

（二）土地收入与经济增长关系的研究

改革开放以来，随着中国土地使用制度、财税体制和住房制度改革的不断深化，传统的土地要素开始从资源属性向资本属性转变，地方政府在土地开发中凭借对土地的垄断地位获得了巨大的土地收入（主要包括土地出让收入和融资收入），形成了独具特色的"土地财政"现象。因此，仅仅从土地的资源属性的角度分析土地与经济增长的关系，并不能全面地总结中国土地开发对经济增长的影响。因此，许多学者也意识到土地资本属性（地方政府土地出让收入和融资收入）对经济增长的影响，并进行了大量研究。

　　大部分学者通过构建计量经济模型，直接分析土地财政收入与经济增长的关系，由于数据结构、估计方法、控制变量选取等方面的不同，现有研究结论主要分为两方面：一是土地财政收入能够促进经济增长，土地财政与经济增长存在显著的单调递增的关系，土地财政收入通过提高地方政府的积极性、增加地方政府的收入和支出，并增加固定资产投资，从而推动地方经济增长（杜雪君、吴次芳等，2009；邹秀清，2013；李勇刚等，2013）。Liu et al.（2014）。研究认为，为满足工业和商住用地的需求，地方政府在积极出让土地的同时，获得了大量的土地出让收入，土地出让收入在当期或未来将显著推动城市GDP增长。葛扬等（2014）甚至测算出土地出让收入每增加1%，对地方经济增长就有0.17%的推动作用。二是土地收入能够加剧经济波动。土地收入对中国经济增长的影响呈倒U形，短期内土地收入的过快增长将不利于经济稳定增长（李勇刚、高波，2013）；吕炜、许宏伟（2012）研究发现，短期内土地收入变动会带来政府公共支出增加和经济增长，但从长期来看，会促使经济结构日趋不合理，并非一定会导致经济增长。

　　有学者认为土地收入对中国区域差异会产生重要影响。李冀等（2012）使用附加人力资本和土地出让的四要素CES生产技术模型和MRW分析框架，构造了城市经济增长的面板趋同方程，采用两阶段GMM估计方法，考察了国有土地使用权出让对中国城市经济增长趋同性的实质性影响。结果显示，在控制了资本、人力资本、国有土地出让等诸多因素之后，1999年至2008年中国的城市经济增长呈现出温和的趋异。同时，发现2004年前国有土地出让对地区经济增长差异影响不明显，2004年"8·31大限"后对地区经济增长存在区域差异。

　　也有学者从晋升激励、财税体制改革的角度分析土地财政与经济增长的关系。中国的"土地财政"现象的产生与20世纪90年代以来的财税体制改革密切相关，这一论断已成为学界的共识。周黎安

（2007）、陶然等（2007）认为当前中国以 GDP 和财政收入为主的政绩考核体制和晋升体制，导致地方政府产生获取土地收入的内在激励，在一定程度上刺激了辖区经济增长；陈志勇等（2011）从财税体制变迁的角度，认为财税体制的改革驱使地方政府依赖土地出让收入进行基础设施建设，改善投资环境，促进了地方经济增长；李勇刚等（2013）通过面板联立方程模型对地方政府的晋升激励、土地收入和经济增长的关系进行了实证检验，发现晋升激励和土地收入对经济增长影响显著为正，地方政府的晋升激励和土地收入是中国经济长期保持较快增速的重要原因。

需要指出的是无论学者们采用何种方法、从何种角度切入，中国经济发展的事实证明，地方政府在土地开发及出让过程中获得了巨大的土地出让和融资收入对经济增长起了巨大的推动作用。中国经济增长前沿课题组（2011）阐述了土地对经济增长的作用机理。他们认为土地主要通过数量效应和价格影响经济增长。从数量效应来看，主要是在以土地资本、实物资本和劳动所构成的总量生产函数结构下，政府通过土地资源的资本化，推动进入现代经济流程的人均土地资本的数量扩张，带来生产可能性曲线的向右平移，促进国家总体的资本形成和经济增长；而从价格效应来看，即政府通过无偿划拨、协议等特殊政策将土地无偿或低价转让给企业，客观上降低了企业生产成本，提高了企业经济效益，促进了经济增长与就业。

三 关于征地拆迁补偿经济效应的研究

征地拆迁是土地开发的基础和前提。事实上，在中国快速土地城镇化的背后，是对大规模农村土地的征用和对居民住房的拆迁安置。统计数据显示，2004—2014 年中国各级政府共征收土地面积达427.96 万公顷，其中征收的农用地面积为 320.01 万公顷，占总征收土地面积的 74.78%。从调查数据来看，承包地被征用过的家庭数占全国有承包地或曾经承包过土地家庭总数的比重高达 14%，宅基地被征用或处置过的家庭占全国有承包地或曾经承包过土地家庭总数的比重高达4%，房屋被拆迁过的家庭占全部家庭的总数为6.3%（清华大学中国经济社会数据中心，2013）。

目前学术界对征地拆迁的研究主要从法学和社会学角度，对征地拆迁制度设计（周其仁，2004；晋洪涛等，2011）、如何保障被拆迁户权利（赵锡斌等，2003；常进雄，2004）以及征地拆迁如何补偿（陈莹等，2009；刘祥琪等，2012）等方面进行研究。史清华等（2011）通过对上海闵行区7个村庄2000多农户实地调查发现，地方政府土地开发过程中征地行为显著提高了农民的收入。从经济学视角，实证分析征地拆迁补偿的经济效应的研究较少，鲜有研究从微观视角解释征地拆迁补偿的空间差异对中国城乡和区域差异的影响。相关研究主要通过案例分析或调查问卷的方式，对征地拆迁家庭的社会保障（刘家强等，2007）、就业特征（陈浩等，2013）及对家庭生活影响（王慧娟；2009）等方面进行分析。柴国俊（2014）基于西南财经大学CHFS调查数据，通过基本的描述性统计和构建平均处理效应模型，实证检验了拆迁行为对家庭消费支出的影响，结果发现，拆迁家庭总体上要比未拆迁家庭消费得多，但拆迁家庭的消费行为具有异质性。拆迁后仍有两套及以上住房家庭的各类消费均远远高于未拆迁家庭，而拆迁后租房的家庭其平均消费水平甚至低于未拆迁家庭。

从行为消费理论来看，消费者往往是"有限理性的"，在"有限理性"下，消费者具有不完全的自我控制力，难以根据长期效用最大化来执行最优的消费决策，因此，当期可支配收入获得的消费对消费者诱惑最大（威尔金森，2012；方福前，2014）。同时，苏良军等（2005）、张邦科等（2011）分别对农村居民和城镇居民的消费行为实证研究发现，中国农村居民和城镇居民的暂时性收入对居民消费行为具有显著的正向影响。因此，笔者认为征地拆迁家庭一次性获得的数额不菲的补偿收入可能影响家庭消费行为。

第四节　本章小结

　　改革开放 40 年来，随着城镇化、工业化水平的不断加快，中国土地开发的规模不断扩大，土地开发对中国城市经济发展影响显著。从现有的研究来看，学者们主要从两个方面对中国土地开发与经济增长的关系进行分析：一是从土地资源的属性出发，研究土地开发过程中城市建设用地扩张与城市经济增长的关系；二是在土地资本化背景下，研究土地开发过程中地方政府所获得的土地收入与城市经济增长之间的关系。从土地资源的角度来看，从古典经济学到新古典和内生经济增长理论，土地在经济增长理论中的重要性逐渐下降。

　　从实证研究来看，土地作为一种基本的生产要素，许多学者对中国城市土地扩张对城市经济的影响进行实证检验，结果发现，城市建设用地的供给被证明是中国经济增长的重要引擎。还有些学者认为城市建设用地扩张是城市经济增长的重要结果。还有学者从土地利用变化的角度，认为经济增长和土地利用变化互为因果。同时，也有经济学者提出了"growth drag"的概念，探讨土地资源稀缺条件下经济可持续增长问题。

　　但应该看到，改革开放后，随着土地使用制度改革的深入，中国国有城市建设用地已经从"无偿、无期限、无流动"向"有偿、有期限、有流动"转变，土地开始从资源属性向资本属性扩展，并开始作为一种生产要素参与社会财富的分配。地方政府在土地开发过程中凭借对土地的垄断地位获得巨大的土地出让和土地融资收入，同时，土地开发过程中被征地拆迁家庭在征地拆迁过程中一次性获得了数额不菲的补偿收入。

　　尽管也有学者对土地财政、土地出让收入等对经济增长关系进行了一定的研究，但相关研究仅仅通过计量模型分析了土地财政与经济增长的直接关系。一方面，相关研究并没有考虑地方政府在土地开发过程中所进行的土地融资对经济增长的作用；另一方面，仅仅通过计量模型并不能揭示地方政府土地开发对城市经济增长的作用机理和影响机制，不能够解释中国城市经济发展过程中地方政府"土地开发—土地出让收入和融资收入—公共服务设施建设—经济增长—土地开发"的发展模式。同时鲜有研究从微观视角探讨征地拆迁补偿对家庭消费行为的影响，尤其是较少研究征地拆迁补偿对居民家庭消费行为影响的空间差异。

因此，现有研究并没有对中国"以地谋发展"模式进行系统梳理总结和实证分析，没有揭示土地资本化背景下土地开发对城市经济的作用机制和传导路径，不能科学、合理地评价土地开发过程中地方政府所获得的土地收入对城市经济的直接和间接作用。

第三章 "以地谋发展" 运行机制

　　改革开放以来，中国经济增长势头强劲，大多数年份经济增长率保持在两位数以上，中国已经成为世界第二大经济体、世界第一大出口国。对于这一经济奇迹的创造，不同的学者从不同的方面进行了解释，然而现有主流经济增长理论所强调的自然资源禀赋、物质和人力资本积累以及技术创新能力等，并不能很好解释中国的长期高速经济增长。尽管也有学者从比较优势（林毅夫等，1999，2003）、后发优势（林毅夫，2003；郭熙保等，2004）、FDI（魏后凯，2002）、全要素生产率（易纲、樊纲等，2003）、标尺竞争（周黎安，2007）等角度试图解释中国的经济增长问题。但与其他经济体高速工业化、城镇化阶段特征相比，土地在中国20世纪90年代中期开始的这一轮经济发展中扮演着非常重要的角色。

　　改革开放后，中国的国有土地使用制度发生了深刻的变革。改革开放初期，外资的进入使得中国城市建设用地的无偿使用制度不再适用，各地普遍尝试通过征收土地使用费、场地使用费等促使城市建设用地向有偿使用转变。1988年修订的《土地管理法》明确规定，中国依法实行国有土地有偿使用制度，土地使用权可以依照法律的规定转让，这是中国首次在全国层面从法律上对国有土地有偿使用予以确认，为国有土地使用权的出让和转让提供了法律依据（周厚兴，2006）。1990年颁布的《城镇国有土地使用权出让和转让暂行条例》规定了不同类型城市建设用地的使用期限①。此后中国法律又明确界定了城镇国有土地有偿使用的方式等,至2002年国土资源部发布《招标拍卖挂牌出让国有土地使用权规定》后,中国国有土地有偿使用的三种方式——出让、租赁和作价出资或者入股,以及土地使用权出让的四种方式——协议、招标、拍卖、挂牌全部形成。至此,中国国有土地使用制度完成了从"三无"到"三有"——由"无偿、无期限、无流动"向"有偿、有期限、有流动"转变,并对土地有偿使用方式和期限等进行了详细的规定。土地使用制度改革促使土地作为一项生产要素开始参与社会财富的分配,为土地功能的拓展奠定了制度基础,土地开始由资源属性向资本属性转变。20世纪90年代以来,随着分税制改革和住房制度改革的不断深化,中国城市建设用地价值不断攀升,土地资本属性日益显现。在土地资本化背景下,土地开发对城市经济的影响主要分为宏观和微观两方面,从宏观来看,地方政府的"土地开发—土地收入—城市公共服务设施—城市经济增长"的发展模式(Fan et al.,2016;石敏俊等,2017);从微观来看,居民家庭的"土地开发—征地拆迁补偿—家庭消费行为"的传导路径,均对我国城市经济产生重要影响。因此,土地资本化背景下,地方政府在土地开发中所获得的土地收入对城市经济的宏观影响和居民家庭在土地开发过程中所获得的征地拆迁补偿收入对城市经济的微观影响共同构成了狭义的"以地谋发展"模式。从广义来看,地方政府"以地谋发展"模式除了"土地开发—土地收入—城市公共服务设施—城市经济增长"外,还应包括两部分:一是土地开发过程中房地产开发投资对城市经济增长的贡献。二是低成本的工业用地促使产业集聚推动城市经济增长(见图3-1)。

---

① 其中居住用地使用期限为70年,科教文卫体和综合用地以及工业用地的使用期限均为50年,商业、旅游、娱乐用地使用期限为40年等。

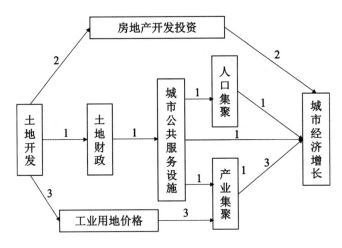

图 3 - 1　宏观层面"以地谋发展"模式运行机制

注：1、2、3 分别表示不同的传导路径。

第一节　土地财政通过城市公共服务设施的中介作用显著影响城市经济

　　在土地资本化背景下，地方政府在土地开发过程中，凭借对土地的垄断地位，获得巨大的土地出让收入，成为地方政府最重要的预算外收入，有效弥补了地方政府财政收支缺口。同时，地方政府也积极以"土地财政"为支撑，搭建地方政府投融资平台，通过土地抵押和土地担保获得土地融资收入，为城镇化建设融资。2000—2015 年，中国各级政府共获得土地出让收入 27.54 万亿元，土地出让收入年均增长 20% 以上，增速远高于 GDP 增速，土地出让收入占地方政府财政收入的比重高达 50.54%，土地出让收入已成为地方政府最重要的预算外收入，成为弥补地方政府财政收支缺口的重要源泉（见图 3-2）；同时，截至 2015 年底，84 个重点城市处于抵押状态的土地面积为 49.08 万公顷，抵押贷款总额 11.33 万亿元，全年土地抵押面积净增 3.87 万亿公顷，抵押贷款净增 1.78 万亿元。

　　从统计数据和已有文献来看，地方政府土地收入的大部分被用于

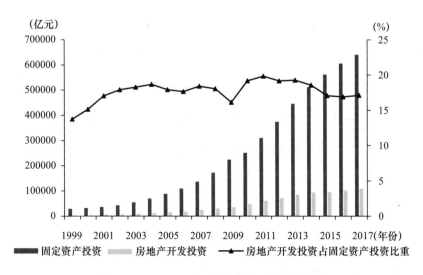

图 3 - 2 2000—2016 年房地产开发投资情况

城市公共服务设施投资(蒋省三等,2007;Wu et al.,2015)。首先,从地方政府土地出让收入的支出来看,扣除土地拆迁补偿成本后,约60%用于城市公共服务设施建设,2008—2015 年土地出让纯收益中用于城市公共服务设施投资占土地出让纯收益的 60.75%。其次,从土地融资收入的支出来看,地方政府以"土地财政"为支撑所搭建的各类融资平台所获得的融资收入也主要是用于由当地政府安排的公共基础设施项目建设(Tao,2010)。地方政府这种"以小财政撬动大城建"的城镇化融资模式极大推动了城市基础设施建设,公共服务设施水平的提升能够提升城市的招商引资环境,促使产业和人口集聚,推动了城市经济增长。这样,土地财政收入对城市经济增长的传导路径可以总结为:土地财政收入—城市公共服务设施—产业集聚/人口流动—城市经济增长。其中,城市公共服务设施在土地开发影响城市经济增长过程中发挥着中介作用(Fan et al.,2016)。

应该看到,土地财政在推动地方经济发展的同时,也给城市经济社会发展带来一定的负面影响。如恶化了国民收入分配,抑制了民间投资;在一定程度上助长了中国经济泡沫的出现;激发了房地产市场，促使房价不断攀升走高；地方债和金融体系的风险进一步扩大；地方政府把精力过度放在经营土地上，而忽略了转变经济发展方式等。

第二节　土地开发过程中房地产开发投资对城市经济增长的贡献

房地产开发作为土地二级开发的一种形式，也属于土地开发的范畴，土地开发对城市经济增长的影响也应包含房地产开发投资对其的影响。因此，房地产开发对城市经济的影响，也是地方政府经营土地实施"以地谋发展"的一种形式。从理论来看，房地产开发对城市经济的影响主要分为两个方面：一是房地产开发投资作为一种投资支出对城市经济增长的影响；二是从投入产出的角度来看，房地产业在国民经济链条中处于中间环节，房地产投资需求能够通过对关联产业的相互作用对城市经济产生影响。

从房地产开发投资角度来看，近年来，房地产开发投资规模不断上升，从 2000 年的 4984 亿元增加到 2016 年的 102581 亿元，16 年增长了 20 倍，年均增速高达 20.81%，房地产开发投资占全社会固定资产投资的比重均在 15% 以上（见图 3-3）。房地产开发投资作为全社会固定资产投资的重要组成部分显著拉动了城市经济增长，2000—2016 年，房地产开发投资增量占 GDP 增量的比重达到 15.16%，即房地产开发投资对 GDP 的弹性为 15.16%。黄忠华、吴次芳等（2008）通过构建 1997—2006 年包含中国 31 省（区、市）面板数据模型研究发现，房地产开发投资对经济增长的弹性系数为 0.18。许宪春等（2015）研究结果表明，2004 年以来，房地产开发投资对 GDP 增长的贡献均在 5.8% 以上，但年度间有所波动，2009 年最高为 13.3%。2004—2013 年，房地产开发投资对 GDP 增长的年平均贡献率为 7.8%。

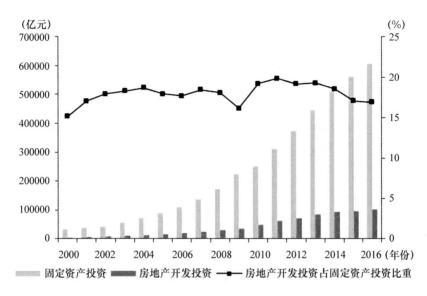

图 3 - 3　2000—2016 年房地产开发投资情况

从投入产出角度来看，房地产具有产业链条长、关联行业多的特点，与房地产密切相关行业的生产活动是房地产经济活动的延伸。房地产开发一方面与建筑业生产活动密不可分，建筑业是与房地产开发投资最密切的行业，房地产开发投资对建筑业的拉动作用最大。另一方面直接消耗大量建筑材料，带动了水泥、钢铁、玻璃、化工等多个制造行业的发展。利用投入产出模型，许宪春等（2015）研究结果显示，2013 年房地产开发投资拉动建筑业增加值达 16808 亿元，占建筑业增加值的比重为 43.1%；房地产开发投资拉动水泥、玻璃、钢铁、化工、五金、家电、家居用品、家具等工业行业增加值达 22611 亿元，占工业增加值比重的 10.7%。

第三节　低成本的工业用地促使产业集聚
推动城市经济增长

长期以来，工业用地价格成为地方政府招商引资的重要砝码，多数地方政府竞相采用较低的工业用地价格甚至"零地价"的方式进行招商引资①。以廉价工业用地为载体的工业园区作为地方政府普遍采用的区域发展政策工具，成为带动地方经济发展的引擎和增长点（刘守英等，2012）。过去10多年来，中国工业用地价格一直处于较低水平，工业用地与综合用地、住宅用地和商服用地价格形成了明显的"剪刀差"。2006—2016 年，工业用地平均价格仅为综合用地的22.17%、住宅用地的15.34%和商服用地的12.38%，工业用地价格年均增速仅为4.89%，远低于综合用地、住宅用地和商服用地9.50%、13.41%和10.83%的年均增速（见表3-1）。

表 3-1   2006—2016 年中国工业用地与其他类型

用地价格比较   （单位：元）

	2006	2007	2008	2009	2010	2011	2012	2013	2014	2015	2016
综合用地	1544	1751	2526	2653	2882	4201	3129	3349	3522	3633	3826
工业用地	485	561	588	597	629	807	670	700	742	760	782
住宅用地	1681	1941	3543	3824	4245	6165	4620	5033	5277	5484	5918
商服用地	2480	2742	4465	4712	5185	7176	5843	6306	6552	6729	6937

资料来源：根据中国地价监测网站数据整理而得。

在低工业用地价格策略下，中国工业用地面积不断扩大，工业化进程不断加快。2006—2015 年，中国工业增加值从 9.04 万亿元增加到 22.90 万亿元，年均增长 9.74%，工业用地面积从 6867.07 平方公里增加到 10298.65 平方公里，年均增长 4.14%。较低的工业用地价格推动了工业化进程，对城市经济增长产生较大促进作用（Wu et al.，2014）。

---

① 2003 年以来，尽管中国政府出台了一系列规范工业用地交易价格的政策文件，但毋庸置疑，中国工业用地价格长期处于低水平，且增速较慢。

第四节 征地拆迁补偿对居民家庭消费
行为产生重要影响

征地拆迁是土地开发的基础和前提。从居民家庭的视角来看,在中国快速土地城镇化的背后,是对大规模农村家庭土地的征用和对居民住房的拆迁安置,由于中国现有征地拆迁补偿多为限期内一次性货币安置(王顺祥,2010),被征地拆迁家庭在征地拆迁过程中一次性获得数额不菲的补偿收入。从统计数据来看,土地开发过程中土地补偿性成本占土地出让收入的比重较大且呈不断增加趋势。2015年,土地开发成本(包含征地拆迁补偿)达到26844.59亿元,占土地成交总价款的79.60%(见表3-2)。CHFS数据显示,经历拆迁的家庭资产状况明显高于未经历拆迁的家庭,经历拆迁家庭的总资产、净资产、金融资产以及非金融资产的规模的中位数都大于未经拆迁的家庭。这种现象在城市尤为显著,城市拆迁家庭总资产中位数为54.7万元,是城市未拆迁家庭的1.8倍;城市拆迁家庭净资产中位数为48.3万元,是未拆迁家庭的1.9倍。同时,城市拆迁家庭平均拥有住房套数以及其价值均高于未拆迁家庭。拆迁家庭平均拥有房产1.26套,房产均值为30万元;而未拆迁家庭平均拥有房产为1.18套,拥有房产均值仅为11万元,为拆迁家庭的1/3多。全国征地拆迁平均货币补偿金额为25万元/户,但征地拆迁补偿区域差异较大,东部地区征地拆迁货币补偿金额远高于中西部地区。其中,东部地区征地拆迁平均补偿金额为30.7万元,远远高于中部的4.1万元和西部的7.5万元。

行为消费理论认为,消费者往往是"有限理性的","有限理性"的消费者一次性较大收入通过改变其预算约束,能够促使消费也随之发生改变(方福前,2006),即被征地拆迁家庭在征地拆迁过程中一次性获得的数额不菲的补偿收入会影响家庭消费行为。

表 3 - 2　　　　　2008—2015 年土地出让补偿性成本
支出及占比情况

	2008	2009	2010	2011	2012	2014	2015
土地出让支出总额（亿元）	9942.10	12327.10	26977.06	33172.16	28421.85	41204.33	33727.78
补偿性成本性支出（亿元）	4673.29	7694.21	16732.23	24053.76	22624.90	33952.37	26844.59
占土地出让支出比（%）	47.01	62.42	62.02	72.51	79.60	82.40	79.60

资料来源：财政部《全国土地出让收支情况（2008—2015）》（2013 年数据缺失）；《中国统计年鉴》，2016 年数据来源于统计局网站，其中 2013—2015 年数据缺失。

第五节　本章小结

过去 10 多年来，地方这种经济发展模式被中国各级政府所积极推崇并在各地普遍流行，显著推动了辖区城镇化进程和家庭消费和经济发展。但我们也应该看到地方政府的这种"以地谋发展"模式具有循环累积效应，在城市经济增长过程中，地方政府通过城市规划、公共基础设施建设、招商引资等举措不断提升巩固土地增值的前景，提升了土地的价格，较高的土地价格在为地方政府带来越来越多的土地收入的同时，也促使被征地拆迁家庭获得较大的补偿收入，地方政府的土地收入和被征地拆迁家庭的补偿收入将再次从宏观和微观方面影响城市经济。

在土地资本化背景下，随着工业化和城镇化进程的加快，在以 GDP 为目标的政绩考核机制下，地方政府土地开发规模不断扩大。一方面，从地方政府的视角来看，其凭借对国有土地的垄断权力在土地开发和出让过程中获得了较大的土地出让收入，并通过土地抵押和土地担保获得巨大土地融资收入。土地出让收入已成为地方政府最重要的预算外收入,成为弥补地方政府财政收支缺口的重要源泉。从统计数据和已有文献来看,地方政府土地收入的大部分被用于城市公共服务设施投资(蒋省三等,2007;Tao,2013)。土地出让纯收益用于基础设施建设的支出所占比重最大,2008年以来达到50%以上。在中国特色的城市基础设施建设投融资模式下,中国城市公共服务设施水平取得了较大的提升,公共服务设施水平的提升能够提升城市的招商引资环境,促使产业和人口集聚,推动了城市经济增长。另一方面,从居民家庭的视角来看,征地拆迁是土地开发的前提条件和重要保障,在我国快速土地城镇化的背后,是对大规模农村家庭土地的征用和对居民住房的拆迁安置,被征地拆迁家庭在征地拆迁过程中一次性获得数额不菲的补偿收入。行为消费理论认为,消费者往往是"有限理性的","有限理性"的消费者一次性较大收入通过改变其预算约束,能够促使消费也随之发生改变,即被征地拆迁家庭在征地拆迁过程中一次性获得的数额不菲的补偿收入可能会影响家庭消费行为。

综合来看,中国土地开发在宏观和微观两方面均对城市经济产生重要影响。从宏观来看,地方政府的"土地开发—土地收入—城市公共服务设施—城市经济增长"的发展模式,以及从微观来看,居民家庭的"土地开发—征地拆迁补偿—家庭消费行为"的传导路径均对中国城市经济产生重要影响。综合来看,土地资本化背景下,地方政府在土地开发中所获得的土地收入对城市经济的宏观影响和居民家庭在土地开发过程中所获得的征地拆迁补偿收入对城市经济的微观影响共同构成了"以地谋发展"模式。10多年来,过去这种经济发展模式被中国各级政府所积极推崇并在各地普遍流行,显著推动了辖区城镇化进程和家庭消费和经济发展。

第四章　土地开发过程中"以地谋发展"模式的形成基础

第一节　"以地谋发展"模式形成的制度原因

"以地谋发展"模式的形成具有坚实的制度基础。国有土地使用制度及其土地储备和征收制度改革为"以地谋发展"模式的形成奠定了根本性制度基础；财税、住房等制度改革是"以地谋发展"模式形成的助推器；地方政府凭借对国有土地的垄断权力在土地开发和出让过程中获得了较大的土地出让收入和土地融资收入，为"以地谋发展"模式的形成提供了坚实的资金保障。

一　土地制度改革

（一）土地使用制度改革

土地制度是一国经济社会制度的基础，是最基本的经济制度，是一定社会条件下土地经济运行中的各种经济规则和经济关系的总和。我国《宪法》和《土地管理法》的规定，中国的土地制度主要包括土地所有制度、土地使用制度和土地管理制度等。

中国土地使用实行国有土地有偿使用制度，国有土地有偿使用制度包括对国有城市建设用地使用程序、方式和机制的规定（王淑华，2011）。1988年，七届人大一次会议通过的《宪法》（修正案）规定："土地使有权可以依照法律的规定转让。"同年修订的《土地管理法》明确规定，"国家依法实行国有土地有偿使用制度"，国有土地有偿使用首次在全国层面从法律上予以明确确认（侯昭瑞，2013）。此后，经过20多年的改革实践，中国国有土地有偿使用制度不断发展完善，已经形成了一套具有显著中国特色的国有土地有偿使用制度（见表4-1）。具体来看，中国国有土地有偿使用制度演变历程主要分为如下几个阶段。

表4-1　　　　　　　中国国有土地有偿使用制度演化历程

年份	相关土地法规或规定	涉及土地相关的主要内容
1979	《中华人民共和国中外合资经营企业法》	第5条：场地使用权未作为投资的，合营企业需要交纳使用费
1988	《中华人民共和国宪法修正案》	删除了土地不得出租的规定，土地使用权允许转让
1990	《中华人民共和国城镇国有土地使用权出让和转让暂行条例》	首次明确了我国实行城镇国有土地使用权出让、转让制度，并对土地使用权出让的三种方式——协议、招标和拍卖进行了详细规定，除有偿使用外，土地使用者也可通过划拨方式无偿获得土地；对各种不同类型土地的使用期限进行了明确规定；通过出让方式获得的土地使用权可以转让、出租和抵押，而划拨取得的土地使用权不得转让、出租、抵押（特殊情况的除外）等
1992	《划拨土地使用权管理暂行办法》	进一步明确我国土地使用者获得土地使用权只有两条途径——出让和划拨
1993	《土地增值税暂行条例》	开始对转让土地收益征收增值税
1995	《城市房地产管理法》	首次明确了土地使用者在获得一定年限的土地使用权时，应向国家支付土地使用权出让金
1998	《土地管理法》（修订版）	明确了我国实行国有土地有偿使用制度（通过划拨方式获得的国有土地使用权除外），并对通过划拨方式取得土地使用权的范围进行了详细规定

续表

年份	相关土地法规或规定	涉及土地相关的主要内容
1999	《中华人民共和国土地管理法实施细则》	明确了国有土地有偿使用的三种方式：出让、租赁和作价出资或者入股
2002	《招标拍卖挂牌出让国有土地使用权规定》	又明确了一种新的出让方式——挂牌出让
2004	《关于深化改革严格土地管理的决定》	要求工业用地也要逐步实行"招拍挂"方式取得
2006	《关于加强土地调控有关问题的通知》	再次明确要求工业用地的出让必须采用"招拍挂"方式
2007	《招标拍卖挂牌出让国有建设用地使用权规定》	将"国有土地使用权"改为"国有建设用地使用权"，"招拍挂"方式获得土地使用权的范围增加了工业用地，并明确将仓储用地纳入工业用地范畴，而采矿地则不纳入工业用地
2008	《关于促进节约集约用地的通知》	除军事、社会保障性住房和特殊用地等可以继续以划拨方式取得土地外，对国家机关办公和交通、能源、水利等基础设施（产业）、城市基础设施以及各类社会事业用地要积极探索实行有偿使用，对其中的经营性用地先行实行有偿使用

资料来源：笔者整理。

1. 国有土地有偿使用探索期（1979—1986 年）

改革开放后，外资进入促使深圳等地政府向外国投资者收取场地使用费和合资供地的收益分成，这一实践揭开了中国土地有偿使用序幕。1980 年国家为了规范场地使用费的收取原则及标准，颁布了《关于中外合营企业建设用地的暂行规定》，详细规定了对场地使用费的收取范围和标准等。此后，深圳市及广东省等继续不断探索土地的有偿使用模式。广东省于 1981 年制定了《深圳经济特区土地管理暂行规定》，对三资企业所获得的不同利用类型的土地使用年限以及不同利用类型土地每年必须缴纳的土地使用费标准等进行了详细界定。此后上海、广州等城市不断探索对三资企业收取土地使用费的范围和标准等，在实践中继续探索国有土地有偿使用模式。

2. 国有土地有偿使用形成期（1987—2002 年）

1987 年国务院批准了在深圳、上海、天津、广州、厦门、福州等 6 城市进行国有土地有偿使用制度改革试点，探索国有土地有偿使用的获取方式等。1987 年 9 月，深圳市以协议方式出让了 5321 平方米的土地使用权，同年又分别以招标和拍卖的方式出让了两块土地。1990 年，国务院颁布的《城镇国有土地使用权出让和转让暂行条例》规定，国家按照所有权与使用权分离的原则，实行城镇国有土地使用权出让、转让制度，土地使用权通过协议、招标、拍卖三种方式出让。《暂行条例》首次明确了国有土地使用权出让的三种方式，标志着中国国有土地有偿使用制度取得了重大进展。此后，中国国有土地有偿使用制度继续不断补充和完善。2002 年，国土资源部发布的《招标拍卖挂牌出让国有土地使用权规定》中，又增加了国有土地出让的另一种方式——挂牌。至此，中国国有土地有偿使用的三种方式——出让、租赁和作价出资或者入股，以及出让的四种方式——协议、招标、拍卖、挂牌全部形成，并对国有土地有偿使用各种方式的各个环节做出了明确的详细规定，标志着中国国有土地有偿使用制度的正式确立。

3. 国有土地有偿使用的监督检查期（2003 年至今）

2000 年以来，随着土地和房地产市场的发展，土地价格飞速上涨，土地资产价值不断提高，地方政府垄断享有的土地管理权限及其获取的大量土地出让收入日益成为关注焦点。这一期间，国有土地有偿使用出现了一系列的问题，如国有建设用地无序肆意蔓延以及土地获取方式、土地出让收入的收取、支出范围等不明确等。为了规范土地获得方式、明确土地出让收入支出范围、推进国有建设用地高效集约化发展，2004 年，我国制定了《关于深化改革严格土地管理的决定》，至此，中国土地国有建设用地有偿使用制度进入以中央政府对地方土地管理权力监督检查为重点的阶段，开始从制度法规上严格控制建设用地增量，强化节约利用土地。

综上，改革开放后，随着中国国有土地使用制度改革的不断深化，国有土地使用制度发生了深刻变化，完成了从"三无"（"无偿、无期限、无流动"）到"三有"（"有偿、有期限、有流动"）的转变（石敏俊等，2017）。刘守英、周飞舟等（2012）将中国现行土地制度的核心内容概括为二元分割、政府垄断和非市场化配置三点，并指出中国的现行土地制度在世界上是最为独特、最为复杂的制度。国有土地使用制度的改革，促使地方政府凭借对国有建设用地的垄断权力积极开发并经营土地，为"以地谋发展"模式形成奠定了制度保障。

（二）土地储备制度的建立

中国的土地储备制度是在中国土地使用制度改革过程中逐渐形成的，经历了"先地方后国家、先探索后规范、先实践后立法"的形成过程（张琦，2011）。综合考虑中国国有土地储备制度的演进历程，可以分为地方探索和国家推行两个阶段。

中国土地储备制度的地方探索始于上海和杭州，上海是我国最早进行土地储备尝试，于1996年成立了第一家专门进行土地储备的机构——上海市土地发展中心，标志着中国地方政府开始探索土地储备制度。之后，杭州等一些南方城市逐步探索建立符合本市实际的土地储备发展模式和组织方式，随后一些北方城市也积极探索土地储备制度。在各地积极探索试点土地储备制度的同时，国家相关部门也逐渐重视土地储备制度建设。1999年国土资源部以内部通报的形式推广了杭州和青岛对土地储备制度所做的有益探索，此后全国其他地区也积极探索土地储备制度。2007年，国土资源部等联合颁布的《土地储备管理办法》，首次以国家部门规章的形式对中国土地储备的目的、概念、范围和土地储备机构的定位以及土地储备资金的管理等方面进行了详细的规定，标志着土地储备制度在中国正式成立并以法规的形式向全国推广。

　　总之，中国土地储备制度是在土地使用制度改革过程中，为了实现土地资产的保值增值而实行的城市土地先储备、后供应的一种土地制度。有学者将中国的土地储备制度的运行机制形象地比喻为"一个口子进水，一个池子蓄水，一个龙头放水"①（卢新海等，2004；陈士银等，2007）。土地储备制度的实施加强了政府对土地一级市场的垄断，地方政府通过土地储备制度将以前的"毛地"出让转变为"熟地"② 出让，使土地供应权牢牢掌握在地方政府手中。并且这种制度也大大增加了地方政府的土地财政收入，地方政府储备的城市建设用地通过"招拍挂"等出让方式进行出让，把以前由开发商获得的土地增值收益转移到了政府的手里，提高了土地的交易价值，最大化了地方政府的土地收入。同时，地方政府以土地储备为平台，通过抵押、发行债券等方式，也获得了巨大的土地融资收入。

　　（三）土地征收制度演变

　　早在 1953 年中国就出台了《国家建设征用土地办法》，对我国的土地征收进行了明确规定，该办法对我国计划经济时期建设供地起到了较大的作用。改革开放后，随着土地使用制度改革的不断深化，中国的土地征收制度也不断演变。1982 年版《宪法》明确规定："国家为了公共利益的需要，可以依照法律规定对土地实行征用。"1986 年出台的《土地管理法》同样明确了"国家为了公共利益的需要，可以依法对集体所有的土地实行征用"。同时，《土地管理法》也对征收土地的补偿问题进行了明确界定："国家建设征用土地，用地单位除支付补偿费外，还应当支付安置补助费。"其后，中国对《土地管

---

　　① "一个口子进水"是指凡是纳入土地收购储备范围，并且满足收购条件的土地全部由土地储备机构统一进行收购，其他机构、单位与个人无权进行收购；"一个池子蓄水"是指由土地储备机构统一收购的土地全部进入土地储备库进行储备，其中包括城市存量建设用地、新增建设用地以及依法收回的土地等；"一个龙头放水"是指政府根据城市建设和经济发展的需要，由市、县人民政府国土资源管理部门制订供应计划，统一组织供地（卢新海、邓中明，2004）。

　　② 熟地一般具有三方面的特征：土地法律手续完备、基础资源通达、经历过土地平整。

理法》的历次修订，都对征地征收问题进行明确规定，并且不断提高征地补偿标准和安置补助标准。

2001 年颁布的《城市房屋拆迁管理条例》规定①，拆迁人应当依照规定对被拆迁人给予补偿，拆迁补偿的方式可以实行货币补偿，也可以实行房屋产权调换。并且规定货币补偿的金额应根据被拆迁房屋的区位、用途、建筑面积等因素，以房地产市场评估价格确定。2011 年颁布的《国有土地上房屋征收与补偿条例》也明确："为了公共利益的需要，征收国有土地上单位、个人的房屋，应当对被征收房屋所有权人给予公平补偿。"

按照《土地管理法》的规定，中国现行的征地制度包括以下几个要点：

第一，国家为公共利益的需要，可以依法对土地实行征收或者征用并给予补偿。

第二，任何单位和个人进行建设，需要使用土地的必须依法申请使用国有土地，包括国家所有的土地和国家征收的原属于农民集体所有的土地。

第三，征收的农用地，按照被征收土地的原始用途给予补偿。征收耕地的补偿费用包括土地补偿费、安置补助费以及地上附着物和青苗的补偿费。征收耕地的土地补偿费，为该耕地被征收前 3 年平均年产值的 6—10 倍。征收耕地的安置补助费，按照需要安置的农业人口数计算。需要安置的农业人口数，按照被征收的耕地数量除以征地前被征收单位平均每人占有耕地的数量计算。但是，每公顷被征收耕地的安置补助费，最高不得超过被征收前 3 年平均年产值的 15 倍。征收其他土地的土地补偿费和安置补助费标准，由省、自治区、直辖市参照征收耕地的土地补偿费和安置补助费的标准规定。

综上所述，中国土地使用制度和土地储备制度改革为城市建设用

---

① 目前，《城市房屋拆迁管理条例》已被 2011 年颁布的《国有土地上房屋征收与补偿条例》废止。

地由资源属性向资本属性拓展奠定了坚实制度基础。在现有的独特的土地制度下，中国地方政府实际上既是土地的管理者，又是土地的经营者。地方政府在土地开发过程中低价从农民手中征收土地。一方面促使被征地拆迁家庭获得了大量的不补偿收入，另一方面地方政府获得巨大的土地收入，并促使地方政府积极加强基础设施建设。一方面通过基础设施的改善，提升土地的资产价值；另一方面发展了城市经济。正是由于中国特有的土地制度，促使地方政府能够从土地开发过程中获得巨大的土地出让和融资收入，保障了地方基础设施建设所需的巨大资金，促进了城市经济发展。同时，被征地拆迁家庭获得了大量的补偿收入，从微观上对城市经济中国土地使用制度变革为土地"有偿、有期限、有流动"使用提供了法律保障，也为城市建设用地由资源属性向资本属性拓展奠定了坚实的制度基础。但在 20 世纪 90 年代初，当时中国正处于分税制改革的初期，依旧实行住房分配制度，中国的土地价格还较低，土地出让收入规模还比较少，所占财政收入的比重也较低，并未引起地方政府的高度重视。据测算 1990—2000 年 11 年间中国土地出让收入总和仅仅 4500 多亿元（张清勇，2009），尚不到 2014 年土地出让收入的 15%。因此，仅仅依靠土地使用制度的变革并不能推动土地价值不断提升，不能促使土地成为地方政府所能掌握的最大资产。中国土地价格与 20 世纪 90 年代以来的财税体制和住房制度改革密切相关。一个普遍的共识是中国土地价格的节节攀升，土地价值不断提升以及土地财政的兴起、发展与膨胀与 20 世纪 90 年代以来的财税体制改革、住房制度改革及以 GDP 为目标的政绩考核机制息息相关。

二　财税体制和住房制度改革

大量的文献把地方政府以地生财的行为归结为现行的财税制度（梁若冰，2009；刘守英、周飞舟等，2012；孙秀林、周飞舟，2013）。1994 年中国开始实施分税制改革，将 75% 的增值税和全部的

消费税全部纳入中央财政，此后 2002 年以来又把所得税改为中央和
地方共享（李郁、洪国志等，2013）。分税制改革促使中央财政收入
迅速增加，中央和地方财政收入的初次分配比例急剧变化，以中央政
府为主导的财政体制不断加剧，使得地方财政收入在全国财政收入中
的比重迅速下降，但是由于财税体制改革并未对地方政府的"事权"
进行分配，使得地方财政支出一直在上升（见图 4 - 1）。朱恒鹏
（2004）指出，分税制改革后，地方政府的支出项目不降反增，同时
在经济增长的压力下，财政压力巨大，造成地方政府财权和事权的极
度不匹配。

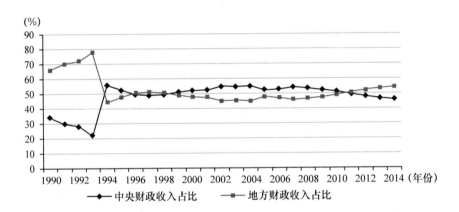

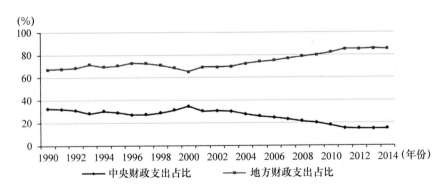

图 4 - 1　1990 年以来中央和地方财政收支情况

资料来源：《中国统计年鉴（2015）》。

　　分税制改革促使地方政府财政收入权上收而支出权不断下放，这种财权和事权的严重不对称打破了一直以来地方政府的财政收支平衡关系，地方政府为了发展辖区经济，积极寻求新的财政收入源泉，进而导致"逼官征地"（刘守英、周飞舟等，2012；孙秀林、周飞舟，2013）。地方政府在收入来源锐减的前提下，积极寻求新的额外的预算外收入来"自由支配"，致使土地成为预算外收入来源的主要渠道（中国土地政策改革课题组，2006），这样土地收入便成为各地方政府预算外收入的支柱。

　　也有学者认为住房制度改革所引起的房地产市场兴起为地方政府的土地财政提供了市场支撑（张双长、李稻葵，2010；巴曙松、杨现领，2014）。1994 年 7 月，国务院下发《关于深化城镇住房制度改革的决定》明确了我国住房制度改革的主要内容和方向，学者们将住房制度改革的基本内容概括为"三改四建"①（李雄、袁道平，2012）。1998 年，国务院颁布的《关于进一步深化城镇住房制度改革加快住房建设的通知》，明确规定从当年下半年开始全国城镇停止住房实物分配，实行住房分配货币化，首次提出建立和完善以经济适用住房为主的多层次城镇住房供应体系。住房市场化改革全面激活了中国房地产市场，促使房地产价格不断上升。中国的房地产价格上涨与土地价格密切相关（张双长、李稻葵，2010；郑思齐、师展，2011；郝寿义、王旺平，2012），不断上涨的房地产价格推动了土地价格持续上升，促使地方政府在土地开发中获得的土地收入（土地出让收入和融资收入）不断上升，也促使被征地拆迁家庭在土地开发过程中一次性

---

　　① "三改"即改变计划经济体制下的福利性体制，从住房建设投资由国家、单位统包的体制改为国家、单位、个人三者合理负担的体制；从国家、单位建房、分房和维修、管理住房的体制改为社会化、专业化运行体制；从住房实物福利分配方式改为以按劳分配的货币工资分配为主的方式。"四建"即建立与社会主义市场经济体制相适应的新住房制度，包括建立以中低收入家庭为对象、具有社会保障性质的经济适用住房供应体系和以高收入家庭为对象的商品房供应体系；建立住房公积金制度；发展住房金融、保险，建立政策性、商业性体系；建立规范化的房地产交易市场和房屋维修、管理市场（李雄、袁道平，2012）。

获得数额不菲的征地拆迁补偿收入。

综上，分税制改革促使了地方政府财政收入锐减，地方政府财权和事权的极度不匹配使得其不得不寻求新的收入来源。同时，随着住房制度改革的深化，房地产价格不断上升，促使土地价格和土地价值不断上涨，地方政府在土地开发中所获得的土地收入不断增加，且这种收入逐渐成为地方政府预算外收入的主要来源。由此可见，分税制改革促使地方政府将新的收入来源聚焦于土地收入，住房制度改革所推动的房地产价格上升促使地方政府的土地出让收入和融资收入不断增加，地方政府在土地开发中所获得的大量土地收入为其经营土地发展的循环累积模式提供了重要的资金保障，是"以地谋发展"模式形成的助推器。

三 以 GDP 为目标的政绩考核机制

改革开放以来，经济建设成为中央政府工作的重心。为了更好地执行以经济建设为中心的路线，中央和地方间逐渐建立了分权契约关系——委托代理关系（周黎安，2007），在这种关系下中央政府必然对地方政府进行政绩考核，以此作为地方政府官员晋升的重要标准。20 世纪 90 年代以来，中央政府对地方政府的政绩考核逐渐倾向于以GDP 为主，片面追求 GDP 成为地方政府官员晋升的主要考量标准（张军，2005；周黎安，2007）。徐现祥等（2007、2010）系统研究了地方政府主要领导晋升与经济增长的关系，地方政府官员为了辖区经济增长而相互竞争，地方政府这种为增长而竞争的模式逐渐就演变成为辖区经济增长而开展政治晋升锦标赛（周黎安等，2005；周黎安，2007）。

10 多年来，在地方政府的政治晋升锦标赛体制下，伴随着分税制改革和住房制度改革，地方政府为了辖区经济增长，不得不加强园区（开发区、工业园区等）建设，加大土地开发力度，促使中国建设用地面积不断攀升。这一方面获取了巨大的土地财政收入，加强了基础设施投资；另一方面以成本价甚至"零地价"积极开展"土地引资"（陶然、陆曦等，2009；梁若冰，2009；张莉、王贤彬、徐现祥，2011）。

总之，在以 GDP 为目标的政绩考核机制及晋升锦标赛体制下，地方政府为了获取政治晋升的资本，不断加大土地开发力度，以使任期内获得巨大的土地财政和融资收入，为辖区经济发展了提供巨大的财政支持，有效推动了"以地谋发展"模式的形成。

第二节 "以地谋发展"下城市公共服务
设施融资模式

一 土地出让策略及现状

在现行法律制度下，在土地用途转变过程中，政府成为农地转变为城市建设用地的唯一仲裁者。随着土地用途的转变，政府代替农民集体成为土地的所有者和城市土地的经营者。1999 年以来，中国国有土地有偿使用制度改革步伐不断加快，不断加大国有土地有偿使用的比重，减少划拨土地比重。2002 年国土资源部出台的《招标拍卖挂牌出让国有土地使用权规定》规定，经营性土地（包括商业、旅游、娱乐和商品住宅用地等）必须以招标、拍卖或者挂牌的方式进行出让。2004 年，国务院发布的《关于深化改革严格土地管理的决定》将工业用地也纳入"招拍挂"范畴，此后，城市建设用地"招拍挂"出让比重逐年上升，"招拍挂"方式出让面积占土地出让总面积的比重从 2001 年的 7.3% 增加到 2014 年的 92.50%（见表 4-2）。2014年，以"招拍挂"方式出让土地所获得的收入占土地总收入的比重高达 95.31%。

政府凭借对土地市场的垄断地位，使其成为建设用地唯一出让者。过去 10 多年来，土地出让收入增长迅速，从 2000 年的 596 亿元，增长到 2015 年的 3.37 万亿元左右，年均增长 20% 以上。10 多

表 4 - 2　2001—2013 年全国"招拍挂"出让土地面积占比情况　（单位:%）

年份	"招拍挂"出让面积占比
2001	7.30
2002	14.60
2003	27.90
2004	29.20
2005	34.60
2006	28.50
2007	50.90
2008	83.90
2009	85.30
2010	88.30
2011	91.01
2012	90.73
2013	92.36
2014	92.50

资料来源：《中国国土资源统计年鉴》（2002—2015）。

年来，地方政府在土地开发过程中获得了巨大的土地出让收入，2000—2015 年，地方政府共取得 27.54 万亿元。地方政府"吃饭靠财政、建设靠土地"的格局形成并不断强化。2000—2015 年，地方政府土地出让收入占其财政收入的比重高达 50.54%，土地出让收入已成为地方政府最重要的预算外收入，成为弥补地方政府财政收支缺口的重要源泉（见表 4 - 3）。

表 4 - 3　　　　　2000—2015 年土地出让收入及其占比情况

	地方财政收入（亿元）	地方财政收支缺口（亿元）	土地出让收入（亿元）	土地出让收入占比（%）
2000	6406.06	3960.59	596.00	9.30
2001	7803.30	5331.26	1295.89	16.61

	地方财政收入（亿元）	地方财政收支缺口（亿元）	土地出让收入（亿元）	土地出让收入占比（%）
2002	8515.00	6766.45	2416.793	28.38
2003	9849.98	7379.87	5421.311	55.04
2004	11893.37	8699.44	6412.176	53.91
2005	15100.76	10053.55	5883.817	38.96
2006	18303.58	12127.75	8077.645	44.13
2007	23572.62	14766.67	12216.72	51.83
2008	28649.79	20598.7	10259.80	35.81
2009	32602.59	28441.55	17179.53	52.69
2010	40613.04	33271.39	27464.48	67.62
2011	52547.11	40186.57	32126.08	61.14
2012	61078.29	46110.05	28517.00	46.69
2013	69011.16	50729.18	41250.00	59.77
2014	75876.58	53338.91	42606.00	56.15
2015	83002.04	67333.58	33657.73	50.54

资料来源：《中国国土资源统计年鉴》（2001—2015）、《中国统计年鉴》（2001—2015）。

　　关于土地出让收入的支出，自 1989 年始，我国的土地出让收入分配政策经历了三个阶段①。

　　第一阶段，1989—1993 年，为中央财政与地方财政共享阶段。国有土地出让收入扣除 20% 城市开发建设费用后，40% 上缴中央财政，60% 留归取得收入的地方财政。政策执行的结果，中央财政分享的土地出让收入比例逐步减少，从 1989 年的 40% 减少到 1992 年的 5%。

　　第二阶段，1994—1998 年，为土地出让收入全部属于地方阶段。1994 年实行分税制财政体制，明确土地有偿使用收入列入地方固定收入，全部归地方政府支配和使用。土地出让总价款纳入地方财政专

① 甘藏春：《社会转型与土地管理制度变革》，中国发展出版社 2014 年版。

户管理，净收益纳入地方国库管理，土地出让收支实行预算内外两种管理方式。

第三阶段，1999 年至今，为按新增和存量建设用地对土地出让收入实行不同管理阶段。为严格控制占用耕地，鼓励地方盘活存量建设用地，1998 年修订的《土地管理法》第 55 条规定：新增建设用地的土地有偿使用费 30% 上缴中央财政，70% 留给有关地方人民政府，均专项用于耕地开发。2007 年以前中国土地出让收入的支出较为混乱，一般以地方自行支配为主，中央和地方并没有关于规范土地出让收入支出的政策。2006 年财政部等三部门发布的《国有土地使用权出让收支管理办法》规定，土地出让收支全额纳入地方政府基金预算管理，收入全部缴入地方国库，支出一律通过地方政府基金预算从土地出让收入中予以安排，实行彻底的"收支两条线管理"。并且该办法明确规定了土地出让收入的支出范围包括征地和拆迁补偿支出、土地开发支出、支农支出、城市建设支出以及其他支出等。其后，相关部门又接连发布几个相关文件，指出土地出让收益用于各地廉租房、教育、农田水利建设等①。按照成本—收益的划分原则，可将土地出让收入分为土地出让成本、土地出让纯收益两部分。

（一）土地出让成本

土地出让的成本指取得土地所需要支付的补偿性费用以及从事土地开发所支付的开发费用等，具体包括征地拆迁费用、对失地农民的补助、前期土地开发、企业职工安置费用、土地出让业务费（罗勇，2014）。近年来，随着各地暴力拆迁、征地等所引起的社会事件不断增多，为了维护失地农民及城市居民的权利，国家不断加大对土地出让收入支出的管理，土地出让成本不断升高，占土地出让收入的比重

---

① 2007 年，财政部发布的《廉租住房保障资金管理办法》规定，从土地出让净收益中按照不低于 10% 的比例安排用于廉租住房保障的资金；2010 年国务院《关于加快水利改革发展的决定》规定，土地出让收益的 10% 用于农田水利建设；2011 年，国务院《关于进一步加大财政教育投入的意见》要求从土地出让收益中按 10% 比例计提教育资金。

不断上升，2015 年土地出让成本占土地出让收入的比重达到 79.76%
（见表 4－4）。

表 4－4 　　　　　2008—2014 年土地出让收入及成本情况

	2008	2009	2010	2011	2012	2014	2015
土地出让支出总额（亿元）	9942.10	12327.10	26977.06	33172.16	28421.85	41204.33	33727.78
补偿性成本性支出（亿元）	4673.29	7694.21	16732.23	24053.76	22624.90	33952.37	26844.59
占土地出让支出比（%）	47.01	62.42	62.02	72.51	79.60	82.40	79.76

资料来源：财政部《全国土地出让收支情况（2008—2015）》（2013 年数据缺失）。

（二）土地出让的纯收益

土地出让纯收益是指土地出让收入扣除土地出让总成本之后的余
额，只有土地出让纯收益才是地方政府可以支配的财力（刘守英、周
飞舟等，2012）。从图 4－2 可以看出，由于土地出让成本不断攀升，
地方政府所获得的土地出让纯收益较低，2010 年为 2008 年以来土地
纯收益最高，仅为 1.2 万亿元，占土地出让收入的比重为 41.55%。
2009 年以来，土地出让纯收益占土地出让收入的比重呈逐年下降
趋势。

《国有土地使用权出让收支管理办法》及其后相关文件规定，土
地出让纯收益主要用于八方面：城市基础设施建设、新增建设用地土
地有偿使用费、农业土地开发资金、城镇廉租住房保障资金、国有土
地收益基金、农村基础设施建设、农田水利建设资金、教育资金。其
中，土地出让纯收益用于基础设施建设的支出所占比重最大，2008
年达到 66.28% 以上。

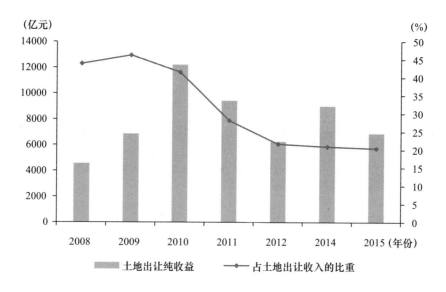

图 4 - 2   2008—2015 年土地出让纯收益情况

资料来源：财政部《全国土地出让收支情况（2008—2016）》（2013 年数据缺失）。

二　土地融资收入的模式与现状

过去 10 多年来，随着中国城镇化的不断加快，地方政府城市建设的投融资模式也发生了巨大变化，分税制改革后，随着地方政府财政收入的锐减，以预算内财政为主的城市基础设施建设投资模式在实践中逐渐被摒弃，地方政府城市建设融资不断转向预算外财政和银行贷款等其他方式（陶然等，2013；Zhang et al.，2017），其中以土地出让收入为主的预算外收入以及通过地方投融资平台进行抵押贷款等方式是地方政府进行城市建设投融资的主要途径①（见图 4 - 3）（Cao et al.，2008；陶然等，2013），而地方政府所设立的投融资平台也是以"土地财政"为支撑的（葛扬、朱弋，2014）。我们将地方政府以"土地财政"为支撑通过搭建投融资平台为城镇化建设融资所获得的

———————

① 尽管按照《中华人民共和国预算法》规定，地方政府不得发行政府债券。但是地方政府在不允许借债的法律约束下，通过组建各式各样的融资平台公司，以土地收益等方式进行扶持，代替政府行使投融资职能，并承担政府项目投资、融资和建设任务。

收入统称为土地融资收入。从实践中来看，地方政府投融资平台为城市基础设施建设融资主要有三种方式：一是直接的银行贷款；二是发行"城投债"；三是融资租赁、信托私募等商业性融资（陶然、汪晖，2013）。在上述三种方式中，地方政府以"土地财政"为支撑进行融资的方式主要包括以土地抵押进行银行贷款和以土地为担保发行"城投债"。

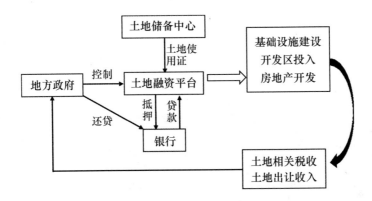

图 4 – 3　地方政府土地融资流程

资料来源：陶然、汪晖：《中国城镇化投融资模式求变》，2013 年 3 月 26 日（http://www.dfdaily.com/html/8762/2013/3/26/967159.shtml）。

（一）以土地抵押获得银行贷款

随着土地价格的不断升高，土地价值不断攀升，土地作为一种优质抵押资产较容易获得银行贷款。因此，目前地方政府投融资平台通过抵押土地获得贷款收入是最常用的一种融资方法（戴双兴，2013；Geng et al.，2016）。地方政府所获得土地抵押贷款为地方融资平台公司运营、开发区的基础设施投入、开发园区发展等发挥了重要作用，甚至房地产企业也从经营性土地抵押中获得了开发所需的资金（叶剑平等，2014）。从统计数据来看，截至 2015 年底，84 个重点城市处于抵押状态的土地面积为 49.08 万公顷，抵押贷款总额 11.33 万亿元，全年土地抵押面积净增 3.87 万亿公顷，抵押贷款净增 1.78 万亿元（见图 4 - 4）。根据刘守英、蒋省三（2005）在东南沿海某些县市的调查发现，尽管有些县市每年城市基础设施建设投资高达数百亿元，但在这些投资中，地方政府财政投入仅占总投入的 10% 左右，其余 90% 的投入资金均来自土地，其中土地出让收入约占 30%，剩余的 60% 左右全部来源于土地抵押所获得的抵押贷款收入。

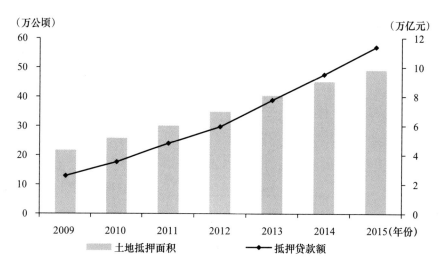

图 4 - 4　2009—2015 年地方政府累计土地抵押面积和金额

资料来源：《中国国土资源统计公报》（2009—2015）。

（二）以土地为担保发行"城投债"

一般来说，地方政府通过其设立的投融资平台在资本市场上公开发行的债券称为"城投债"。由于地方政府（投融资平台）发行"城投债"的目的是为城市基础设施建设融资，因此有学者也将其称为"准市政债"。在实践中，地方政府融资平台发行的"城投债"包括企业债、中期票据两种。2008 年以前，中国"城投债"发展较为缓慢，到 2008 年底，发行"城投债"共计规模仅 1466.7 亿元，但 2009 年以来，受 4 万亿宏观刺激政策的影响，中国"城投债"规模呈现出"井喷式"增长（吴先红等，2015）。

土地资产和收益是地方政府融资平台公司发行"城投债"的重要担保（陶然、汪晖，2013），在实践中，有些"城投债"在其发行公告中明确表示以地方政府的土地或资产担保①。

第三节 "以地谋发展"模式下征地拆迁补偿

统计数据显示，2004—2014 年中国各级政府共征收土地面积达427.96 万公顷，其中征收的农用地面积为 320.01 万公顷，占总征收土地面积的 74.78%（见表 4－5）。从调查数据来看，承包地被征用过的家庭数占全国有承包地或曾经承包过土地家庭总数的比重高达14%，宅基地被征用或处置过的家庭占全国有承包地或曾经承包过土地家庭总数的比重高达 4%，房屋被拆迁过的家庭占全部家庭的总数为 6.3%（清华大学中国经济社会数据中心，2013）；同时，西南财经大学中国家庭金融调查与研究中心的中国家庭金融调查（以下简称CHFS）数据显示，中国约有 11% 的家庭经历过拆迁，其中城市经历拆迁的家庭占家庭总数的比重为 18.7%，农村经历拆迁家庭占家庭总数为 6%②（甘犁，2013）。

表 4－5　　　　　2004—2014 年中国土地征收情况

年份	土地征收总面积（公顷）	农用地（公顷）	农用地占比（%）
2004	195655.4	156458.8	79.97
2005	296931.3	233369.6	78.59
2006	341643.6	253781	74.28

① "10 无锡城投债"等就是典型代表，根据 2010 年无锡市城市投资发展总公司市政项目建设债券募集说明，"10 无锡城投债"筹资 12 亿元，偿债资金将来源于公司日常生产经营所产生的净利润及土地收入，公司拥有位于无锡城 800806 平方米土地资产的收益权，根据测算，土地开发收益为 26.05 亿元。

② 从拆迁面积上看，平均每户拆迁面积约为 117 平方米。其中，常住地为城镇地区的家庭平均每户拆迁面积约 104 平方米；而常住地为农村地区的家庭平均每户拆迁面积为 150 平方米。

续表

年份	土地征收总面积（公顷）	农用地（公顷）	农用地占比（%）
2007	301937.3	223116.1	73.89
2008	304010.7	223206.1	73.42
2009	451025.7	351173.6	77.86
2010	459246.1	345188.1	75.16
2011	568740.5	395843.6	69.60
2012	517764.3	388474.1	75.03
2013	453070.8	337575.5	74.51
2014	389607.9	291956	74.94
总计	4279633.6	3200142.5	74.78

资料来源：《中国国土资源统计年鉴》（2005—2015）。

第四节 本章小结

改革开放后，中国的国有土地使用制度发生了深刻的变革。外资的进入使得城市建设用地的无偿使用制度不再适用，各地普遍尝试通过征收土地使用费、场地使用费等促使城市建设用地向有偿使用转变，中国国有土地使用制度从"三无"到"三有"——由"无偿、无期限、无流动"向"有偿、有期限、有流动"转变。中国土地使用制度的转变促使土地作为一项生产要素开始参与社会财富的分配，为土地功能的拓展奠定了制度基础，土地开始由资源属性向资本属性转变。20世纪90年代以来，随着分税制改革和住房制度改革的不断深化，土地价值不断攀升，土地资本属性显现。

国有土地使用制度及其土地储备和征收制度改革为"以地谋发展"模式的形成奠定了根本性制度基础；财税、住房等制度改革是"以地谋发展"模式形成的助推器；地方政府凭借对国有土地的垄断权力在土地开发和出让过程中获得了较大的土地出让收入和土地融资收入为"以地谋发展"模式的形成提供了坚实的资金保障。

第五章　土地开发过程中城市公共服务设施中介效应的实证分析

第一节　研究背景

改革开放以来，中国的土地政策经历深刻的变革。在土地开发过程中，地方政府享有城市建设用地的处置权、出让权和收益权。1994 年分税制改革之后，中央财政收入迅速增加而地方财政收入却急速下降。事权和财权的不平衡促使地方政府别无他选从而不得不承担土地开发的角色（Tao et al.，2010；陈志勇等，2010），开发并经营土地成为地方政府的"主要业务"。从现有研究来看，土地开发对经济增长影响主要从两个方面显示，一是城市建设用地规模的不断扩张，二是土地收入的快速增长（Lichtenberg et al.，2009；Wang et al.，2012）。大量学者探讨了城市建设用地与经济增长的相互关系（Deng et al.，2008；丰雷等，2008；黄志基等，2013；He et al.，2014）。而在此，笔者主要探讨地方政府在土地开发中获得的土地收入对城市经济增长的影响。根据地方政府土地收入获取渠道的不同，笔者将地方政府的土地收入分为土地出让收入和土地融资收入。

随着中国房地产市场的膨胀，住房和土地价格不断上涨（Pan et al.，2015）。土地逐渐成为地方政府控制和支配的最大资产（Tian et al.，2009；Tao et al.，2010）。地方政府的土地收入尤其是土地出让收入暴增（Li，2014；Ye et al.，2014）。从 2000 年到 2015 年，地方政府的土地出让收入达到 30 多万亿元。已有研究和统计数据显示，地方政府土地收入的大部分用于城市公共服务设施（Lin，2007；Clarke et al.，2007；郑思齐等，2014）。2008—2015 年，土地出让纯收入的约 60%用于城市公共服务设施，推动了城市公共服务设施水平的大幅提升。城市道路长度从 2000 年的 260 万公里增长到 2015 年的 265 万公里。城市公共服务设施的建设能够推动城市经济增长（Lucas，1988；Aschauer，1989；Munnell，1992）。因此，我们可以推断城市公共服务设施在土地收入与城市经济增长中可能发挥着中介的作用。正如刘守英、周飞舟等（2012）所指出的，过去 10 多年，地方政府土地开发推动城市经济发展的模式在各地普遍流行并显著推动了城市经济增长。

关于土地开发与城市经济增长的关系，学者们进行了大量的研究（Ioppolo et al.，2016）。从已有研究来看，学者们对土地开发与经济增长关系的研究主要分为以下两类，一是研究土地过程中城市建设用地扩张与经济增长的关系。已有研究表明，土地开发是城市经济增长的重要结果（Lin，2007；Deng et al.，2008；Gibson et al.，2014）。经济的快速发展促使对城市建设用地的需求不断增加，导致土地利用方式发生了变化，大量土地由农业用地向城市建设用地转变（Lin et al.，2005；Gao et al.，2015）。作为一种重要的生产要素，一些学者实证考察了城市土地扩张对经济增长的积极影响，城市建设用地的供给被证明是中国经济增长的重要引擎（Ding，2007；Ding et al.，2011；Bai et al.，2011）。然而，He et al.（2014）考察了建设用地扩张与城市经济间的因果关系，研究发现城市建设用地扩张不仅仅是经济增长的重要结果，其也会对城市经济产生直接和间接影响。二是研究土地开发过程中地方政府所获得的大量土地收入对城市经济的影响。Liu et al.（2014）的研究认为，为满足工业和商住用地的需求，地方政府积极出让土地获得了大量土地出让收入，土地出让收入在当期或未来将显著推动城市GDP 增长，地方政府通过土地出让方式所获得的大量土地收入极大地刺激了城市经济增长。

为了吸引国内和国外投资，地方政府从土地开发过程中所获得的土地收入大部分用于城市公共服务设施（Lin et al.，2011；Yew，2012；Chen et al.，2015）。郑思齐等（2014）梳理了土地价格、土地出让、城市建设之间的互动机制，总结出了"土地融资—城市基础设施投资"相互影响的中国式城市建设投融资模式，并对该模式进行了实证验证。研究发现，土地价格上涨能够同时通过土地出让收入和土地抵押借款两种融资渠道显著推动城市基础设施投资。另外，城市基础设施投资又能够在短期内显著地资本化到土地价格中，进而形成土地价格和城市基础设施投资间自我强化的正反馈过程。从理论和实证研究来看，学者们对城市公共服务设施与经济增长的关系进行了大量的研究。从理论上来看，城市公共服务设施作为一种重要的投入，可以直接推动城市经济增长；同时，作为一种中间投入，城市公共服务设施建设具有外部溢出效应，如可以改善招商引资环境，从而吸引外部投资，间接推动城市经济增长（Munnell，1992；Young，1995；Hsieh，1999）。然而，从实证研究来看现有研究结果结论尚未统一。Fedderke et al.（2006）通过构建 VAR 模型，对南非的实证研究发现基础设施对城市经济增长没有影响；而 Fedderke et al.（2009）却发现基础设施能够显著提升人均 TFP。

综上，现有研究大多关注土地开发与城市经济增长间的直接关系，但是鲜有研究探讨土地开发对城市经济增长的作用机制和传导路径，即土地开发如何推动城市经济增长进行实证探讨。同时尽管已有研究对土地开发、基础设施与经济增长间的两两相互关系进行了大量研究，但较少研究系统探讨土地开发在城市经济增长中的中介作用。基于此，为了弥补上述研究不足，笔者对土地开发对城市经济增长的的作用机制和传导路径，尤其是对城市公共服务设施的中介作用进行实证分析。

第二节 分析框架和假设

一 分析框架

过去 10 多年来，地方政府在土地开发过程中获得了巨大的土地收入，土地收入已经成为地方政府最大的预算外收入（Ding，2007；Li et al.，2014）。许多学者对土地收入与城市经济增长间的直接关系进行了实证研究，除了已有的直接影响外，土地收入对城市经济增长也存在间接效应。已有研究及统计数据分析表明，地方政府土地收入的大部分投资于城市公共服务设施，地方政府从土地开发过程中获得的土地收入投资于城市公共服务设施的建设，如道路、供水、供气管道以及城市绿化，有效改善了城市的招商引资环境，能够积极吸引外部投资（蒋省三等，2007；陶然，2013）。这样，作为中介的城市公共服务设施能够显著影响城市经济增长（见图 5-1）。

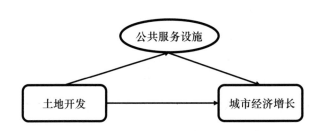

图 5-1 土地开发对城市经济增长的作用框架

二 关于土地开发、土地收入以及城市公共服务设施的假设

1990 年以来，随着土地使用制度改革的深入，同时伴随着分税制以及住房制度改革，在以 GDP 为目标的政绩考核机制下，地方政府积极开发土地，并逐渐将土地作为地方政府收入（预算外）主要来源（Tao et al.，2010；Wu et al.，2015；石敏俊等，2017）。从土地出让收

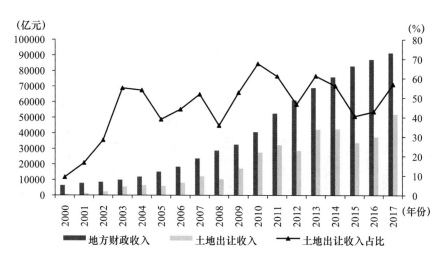

图 5 - 2　土地出让收入增长及占比情况

资料来源：2000—2014 年数据来源于《中国城市统计年鉴》、《中国国土资源统计年鉴》和财政部《全国土地出让收支情况》。

入来看，地方政府的土地出让收入从 1999 年的 514.3 亿元增加到 2015 年的 33727.78 亿元，17 年增长了 60 多倍。2004 年以后，地方政府土地出让收入占财政收入的比重均超过 40%（见图 5 - 2）。从土地融资收入来看，近年来，地方政府通过地方投融资平台进行抵押贷款等是地方政府进行城市建设投融资的主要途径，而地方政府所设立的投融资平台也是以"土地财政"为支撑，土地是银行最为青睐的抵押品（刘守英和蒋省三，2007；陶然，2013）。2009—2015 年，中国 84 个重点城市土地抵押收入总额达到 11.33 万亿元，2015 年 84 个重点城市土地抵押收入净增 1.78 万亿元（见图 5 - 3）。

　　从土地收入的支出来看，作为预算外收入土地收入，地方政府将其大部分用于城市道路、管道、绿化等公共服务设施建设。一方面从土地出让收入支出来看，2007 年以前，国有土地出让收支管理不规范，国有土地出让收入和支出没有纳入财政预算，也没有规定明确的支出使用范围；2007 年之后，财政部、国土资源部和中国人民银行颁布的《国有土地使用权出让收支管理办法》（以下简称《管理办

（万亿元）

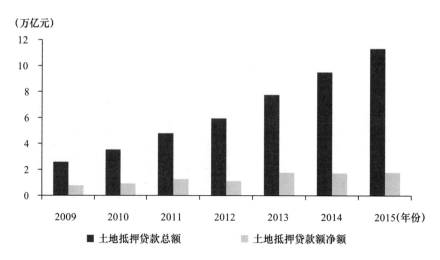

图 5 - 3　2009—2015 年 84 重点城市土地抵押贷款情况

资料来源：《中国国土资源公报》（2009—2015）。

法》）规定，土地出让收支实行彻底的"收支两条线"，全额纳入地
方政府基金预算管理，收入全部缴入地方国库，支出一律通过地方政
府基金预算从土地出让收入中予以安排。同时规定土地出让收入支出
的范围主要包括：征地和拆迁补偿支出、土地开发支出、支农支出、
城市建设支出以及其他支出。2015 年，在扣除土地开发成本后，土
地出让收入中 3531.53 亿元用于城市建设，占土地出让纯收益的比重
达 51.31%（见表 5 - 1）。

　　地方政府进行土地融资的前提和基础就是为了基础设施投资筹集
资金（Fan et al.，2016）。从土地融资收入的支出来看，刘守英和蒋
省三（2007）通过对东部沿海地区 J 市的调查发现，1999—2003 年，
J 市全部基础设施投资总额为 233.27 亿元，其中政府财政投入仅占投
资总额的 12.8%（财政投入约 30 亿元），土地出让收入投入占比为
14.3%（投入约 33.27 亿元），而土地融资收入的投资占比高达
72.88%（约 170 亿元）。同时，他们在 S 县的调查发现，2003 年 60
亿元基础设施投资中，土地融资投入高达 38.32 亿元，占基础设施投
资总额的比重达到 63.87%，其他投入仅为 21.68 亿元（其中土地出

让收入投入为 19.2 亿元，政府预算内资金投入仅为 1.59 亿元，政府性基金投入 0.89 亿元）。由此，土地融资收入已经成为地方政府城市基础设施建设的主要资金来源。

表 5-1   土地出让纯收益及其支出

	2008	2009	2010	2011	2012	2014	2015
土地出让纯收益（亿元）	4563.08	6868.84	12215.99	9423.24	6261.41	8987.93	6883.19
城市基础设施支出（亿元）	3362.32	3774.09	8553.35	6557.99	3692.23	4063.00	3531.53
城市基础设施支出占比（%）	73.69	54.95	70.02	69.59	58.97	45.21	51.31

资料来源：财政部《全国土地出让收支情况（2008—2015）》（2013 年数据缺失）。

以钱江新城建设发展进程为例，钱江新城自 2001 年开发建设以来，杭州市政府没有进行任何财政投入，所有建设资金均由钱江新城管委会通过土地出让等形式自行筹集①。土地出让收入是钱江新城经营土地最直接和主要的财政来源，钱江新城管委会对新城规划范围内的土地实行统一征用、统一管理，通过采取经营性土地实行严格的"招拍挂"方式出让、通过宣传策划提高土地需求、不断调高土地基准价格、灵活多变的土地供给策略等，多渠道、多措施促使管委会土地出让收入最大化。截至 2012 年，管委会累计土地出让金为 464.99 亿元，土地出让纯收益近 400 亿元。钱江新城在土地开发中所获得的土地出让资金全部用于新城建设，尤其是政府主导型开发项目的基础设施和重大工程项目的建设。截至 2012 年新城基础设施建设累计投资 342.35 亿元，累计建设投资投入占累计获取土地出让收入的 80%以上。图 5-4 和图 5-5 分别显示了当年和累计土地出让收入与建设

_____

① 除 10 亿元的无息贷款外。

(亿元)

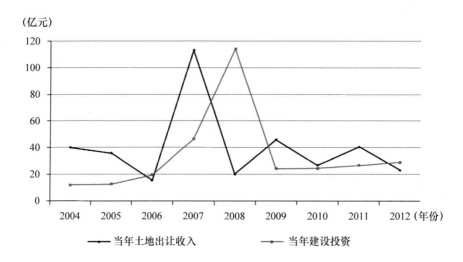

图 5 - 4　钱江新城 2004—2012 年当年土地出让收入与当年建设投资情况

资料来源：《杭州年鉴》（2005—2013）。

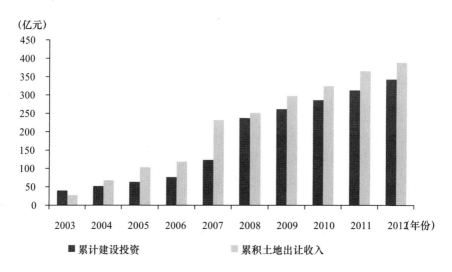

图 5 - 5　钱江新城 2003—2012 年累计土地出让收入与建设投资情况

资料来源：《杭州年鉴》（2005—2013）。

投资情况，土地经营为管委会创造的巨额出让收入为城市建设带来了大量的投资建设资金（见表 5 - 2）。可见，钱江新城建设模式是全依赖土地资产经营来实现基础设施和重大工程建设，从而促进经济发展的。

表5-2　　　　2001—2012年当年建设投资和累计完成投资情况（单位：亿元）

年份	当年建设投资	累计完成投资
2001—2003	—	40.00
2004	12.00	52.00
2005	12.70	63.00
2006	19.50	77.00
2007	46.50	123.50
2008	114.00	237.53
2009	24.30	261.83
2010	24.50	286.33
2011	26.77	313.10
2012	29.25	342.35

资料来源：《杭州年鉴》（2002—2013）。

基于此，笔者提出假设1。

假设1：城市公共服务设施的建设与城市土地开发积极相关，土地开发显著提升了城市公共服务设施水平。

三　关于城市公共服务设施与经济增长的假设

地方政府依靠土地收入进行公共服务设施建设融资模式，显著提升了中国城市公共服务设施水平，以城市道路为例，城市道路长度由2000年的16.0万公里增长到2013年的36.5万公里，年均增长5.31%。同时，城市管道长度①由2000年的52.21万公里增长到2015年的198.25万公里，年均增长8.70%（见表5-3）。

---

① 包括城市供排水、供热、供气管道。其中，供热管道包括热水管道和蒸汽管道长度，供气管道包括人工煤气、液化石油气和天然气管道。

表 5-3   城市公共服务设施建设情况

指标	2000	2005	2010	2015	年均增速
道路长度（公里）	159617	247000	294000	365000	5.31%
绿地面积（公顷）	865295	1468200	2134300	2670000	7.30%
管道长度（公里）	522130	974800	1357600	1982519	8.70%

资料来源：《中国统计年鉴》（2001—2016）。

已有研究表明，作为一种投资支出，城市基础设施建设能够产生直接的投资拉动效应。同时，城市公共服务设施的建设具有外部溢出效应，通过显著改善一地区的招商引资环境，吸引外部投资，对经济增长具有间接的拉动作用（Munnell，1992；Young，1995；Hsieh，1999）。因此，基础上设施的建设对城市经济增长能够产生直接投资拉动和间接推动作用。

基于此，笔者提出假设2。

假设2：城市公共服务设施的建设能够积极显著地促进城市经济增长。

一方面，从已有研究及统计数据来看，尽管大部分土地收入被用于城市公共服务设施，但仍有一部分土地收入被用于教育、保障房建设以及征地拆迁补偿等方面，这部分支出占土地收入的30%—50%，教育和征地拆迁补偿支出也将对城市经济产生一定的影响；另一方面，土地开发所导致的城市建设用地规模的扩张作为一项要素投入能够直接刺激经济增长，同时，城市建设用地规模的扩张能够有效吸引外部投资间接推动城市经济增长（黄志基等，2013）。因此，在土地开发推动城市经济增长的作用机制的过程中，作为中介变量的城市公共服务设施水平的提高对城市经济的影响仅仅发挥着部分中介的作用，在该作用机制过程中其他变量或渠道或许也发生着显著的作用。

基于假设1和假设2，笔者提出假设3。

假设3：城市公共服务设施在土地开发影响城市经济增长的机制中发挥着中介效应。同时，城市公共服务设施的中介效应为部分中介。

第三节　研究方法及数据整理

一　中介效应模型简介

中介效应模型分析主要应用于心理学等其他社科研究领域。相对于计量经济学中的回归分析，其可以更深入地剖析自变量对因变量影响的过程和作用机制，进而可以得到更多更深入的结果。中介效应分析方法即是验证自变量对因变量的影响是通过另一变量起全部或部分作用。如果自变量 X 对因变量 Y 的影响是通过某一变量 M 起作用的，那么就称 M 在 X 和 Y 之间起中介作用或 M 为 X 和 Y 的中介变量（见图 5 - 6）。中介效应分析的目的是判断自变量 X 和因变量 Y 之间的关系是部分或全部归因于中介变量 M （Baron 和 Kenny，1986；MacKinnon，2008；Yuan 和 MacKinnon，2009）。

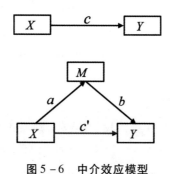

图 5 - 6　中介效应模型

根据中介效应定义，避免在方程中出现截距项，参照温忠麟等（2014）关于中介效应的研究，中介效应模型可用以下简单方程描述：

$$Y = cX + e_1 \qquad\qquad (5 - 1)$$

$$M = aX + e_2 \qquad\qquad (5 - 2)$$

$$Y = c'X + bM + e_3 \qquad\qquad (5-3)$$

其中方程（5-1）的系数 c 为自变量 X 对因变量 Y 的总效应；方程（5-2）的系数 a 为自变量 X 对中介变量 M 的效应；方程（5-3）的系数 b 是在控制自变量 X 后，中介变量 M 对因变量 Y 的效应，系数 c' 是在控制中介变量 M 后，自变量 X 后，自变量 X 对因变量 Y 的直接效应；$e_1 - e_3$ 是残差项。对于上述简单中介效应模型，中介效应即为间接效应，可用系数 $a * b$ 来测算，它与总效应和直接效应的关系如式（5-4）所示。

$$c = c' + ab \qquad\qquad (5-4)$$

中介效应最常用的检验方法是逐步检验回归系数（Baron 和 Kenny，1986；Judd 和 Kenny，1981；温忠麟、张雷等，2004），即通常说的逐步回归法：（1）检验方程 5-1 的系数 c；（2）检验方程 5-2 的系数 a 和方程 5-3 的系数 b，海因斯（Hayes，2009）将之称为联合显著性检验。另外，如果方程 5-1 系数 c 显著，系数 a 和 b 都显著，则中介效应显著；如果方程 5-1 和方程 5-2 系数显著，且方程 5-3 系数显著且 $c' < c$，则为部分中介效应；如果方程 5-1 和方程 5-2 系数显著，且方程 5-3 中系数 c' 显著且 $c' < c$，则为完全中介效应。

二 中介效应模型设定

利用中介效应分析方法，我们能够识别城市公共服务设施的中介效应并检验土地开发如何影响城市经济增长。根据中介效应分析方法，笔者构建了 3 个模型来检验土地开发对城市经济增长的影响，以验证上述 3 个假设是否成立。

模型一：城市经济增长模型

笔者将地方政府在土地开发中所获得的土地收入引入模型来考察土地开发对城市经济增长的影响。在控制住人力资本、外商直接投资和第二产业产值的基础上，基于 C-D 生产函数模型，将土地收入引入到经济增长模型（见方程 5-5）

$$GDPit = \alpha_0 + \alpha_1 Liit + \alpha_2 Xit + fi + \varepsilon_1, it \qquad (5-5)$$

其中，$GDPit$ 为 i 地区 t 年的国内生产总值。$Liit$ 为 i 地区 t 年的土地收入，包括土地出让收入 $Lcit$ 和土地融资收入 $Lfcit$。Xit 为控制变量，包括人力资本变量，用在校大学生数量表示（Lac）；人均外商直接投资（$pFDI$）以及第二产业产值占比（Psi）。ε_1, it 为误差项。

模型二：城市公共服务设施模型

笔者将地方政府在土地开发中获得的土地收入引入城市公共服务设施模型，考察土地收入对城市公共服务设施的影响（见方程5 - 6）。

$$PIit = \beta_0 + \beta_1 Liit + \beta_2 Xit + fi + \varepsilon_2, it \qquad (5-6)$$

其中，$PIit$ 为 i 地区 t 年的城市基础设施水平；$Liit$ 的定义与方程5 - 5一致；Xit 依旧为控制变量，根据中介效应分析方法，控制变量应与模型一相一致。

模型三：控制城市公共服务设施后的城市经济增长模型

在控制住城市公共服务设施后，笔者构建了城市经济增长模型来考察土地收入对城市经济增长的影响（见方程5 - 7）。

$$GDPit = \gamma_0 + \gamma_1 Liit + \gamma_2 PIit + \gamma_3 Xit + fi + \varepsilon_3, it \qquad (5-7)$$

其中，$GDPit$、$PIit$ 和控制变量 Xit 的设定与模型一一致，$PIit$ 的设定与模型二一致。

三　变量设定及数据整理

为了实证考察土地开发如何影响城市经济增长，验证城市公共服务设施的中介效应，笔者构建了面板数据模型，由于《中国国土资源统计年鉴》公布的土地出让收入统计数据最早年份为 1999 年，所以笔者将面板数据模型数据起始年份定为 1999 年，并将数据时间序列设定为 1999—2012 年。同时考虑到一些城市数据的缺失，将这些城市排除后将最终获得 253 个地级以上城市数据。同时，本书研究的主要经济数据来源于《中国城市统计年鉴》，土地收入数据来源于《中国国土资源统计年鉴》，城市公共服务设施数据来源于《中国城市建设统计年鉴》。

由于现在统计年鉴没有关于城市公共服务设施水平的统计数据，为了测算 253 个城市 1999—2012 年的城市公共服务设施水平，参考严盛虎等（2012）的研究，笔者构建了评价城市公共服务设施的指标体系。该评价指标体系包含 4 个二级指标和 9 个三级指标（见表 5 – 4），其中二级指标包括城市生活设施、交通设施、生态设施和环卫设施。采用专家打分法，对指标体系各指标赋予了权重。

表 5 – 4 　　　　　城市公共服务设施评价指标体系及权重

一级指标	二级指标	三级指标
城市公共服务设施	生活设施（25%）	供热管道长度（8.33%）
		供水管道长度（8.33%）
		供气管道长度（8.33%）
	交通设施（25%）	每万人拥有的公共汽车数量（12.5%）
		人均道路面积（12.5%）
	生态设施（25%）	人均绿地面积（12.5%）
		公共绿化覆盖率（12.5%）
	环卫设施（25%）	污水排水管道长度（12.5%）
		污水处理站数量（12.5%）

表 5 – 5 　　　　　变量数据来源及描述性统计分析

变量	数据来源	平均值	标准差	最小值	最大值
$\ln GDP$	中国统计年鉴	6.118	1.117	-4.605	9.804
$\ln PI$	笔者计算	-2.479	0.545	-6.023	-0.622
$\ln Lc$	中国国土资源统计年鉴	0.141	2.071	-4.605	6.478
$\ln Lfc$	中国城市建设统计年鉴	1.945	2.192	-4.605	7.350
$\ln Li$	笔者计算	2.248	2.002	-4.605	7.496
$\ln Lac$	中国城市统计年鉴	0.797	1.469	-4.605	4.551
$\ln pFDI$	中国城市统计年鉴	2.887	2.160	-4.605	8.073

变量	数据来源	平均值	标准差	最小值	最大值
$\ln Psi$	中国城市统计年鉴	3.832	0.260	2.197	4.511

同时，现在的统计年鉴没有关于土地融资收入的统计数据，参照郑思齐等（2014）的研究，笔者用城市建设投资资金中的国内贷款和债券收入部分来表示，土地总收入为土地融资收入与土地出让收入总和。另外，笔者将自变量和因变量都进行了对数处理，以此构建了双对数模型。

第四节　模型估计结果与敏感性分析

一　估计结果

根据 hausman 检验结果，笔者采用固定效应模型进行估计，表5-6报告了所有模型的估计结果。表5-6第1栏结果显示，土地收入对城市经济具有直接的正向影响。土地收入每增长1%将导致城市 GDP 增长0.23%，这一结果与其他关于土地财政收入对城市经济增长直接影响的研究结果相一致（杜雪君、吴次芳等，2009），土地财政与经济增长存在显著的单调递增关系，其通过提高地方政府的积极性、增加地方政府的收入和支出，并增加固定资产投资，从而推动地方经济增长。邹秀清（2013）研究发现土地出让收入每增加1%，对地方经济增长会产生0.17%的推动作用。第2栏结果显示，土地收入对城市公共服务也具有正向的积极影响。模型二中，土地出让的系数显示，土地收入每增长1%将会推动城市公共服务设施水平增长0.06%。这一结果与郑思齐等（2014）研究结果相一致，郑思齐等（2014）研究结果发现土地价格上涨能够同时通过土地出让收入和土地抵押借款两种融资渠道显著带动城市基础设施投资规模扩大。模型二结果同样也验证了假设1，即土地开发过程中获得的土地收入为城市基础设施建设提供了资金支持，显著改善了城市基础设施水平。

表 5 - 6

中介效应估计结果

因变量	模型一 固定效应 GDP			模型二 固定效应 城市公共服务设施水平			模型三 固定效应 GDP		
ln*PI*							0.4204*** (0.0331)	0.2944*** (0.028)	0.2740*** (0.0284)
ln*Lc*	0.0445*** (0.0073)			0.0256*** (0.0040)			0.0337*** (0.0072)		
ln*Lfc*		0.2142*** (0.0090)			0.0413*** (0.0055)			0.2020*** (0.0089)	
ln*Li*			0.2314*** (0.0101)			0.0585*** (0.0061)			0.2154*** (0.0101)
ln*Lac*	0.3406*** (0.0101)	0.2568*** (0.0090)	0.2395*** (0.0095)	0.0999*** (0.0056)	0.0894*** (0.0055)	0.0784*** (0.0058)	0.2986*** (0.0104)	0.2305*** (0.0092)	0.2181*** (0.0097)
ln*pFDI*	0.1421*** (0.0067)	0.0833*** (0.0061)	0.0838*** (0.0061)	0.0908*** (0.0037)	0.0879*** (0.0037)	0.0845*** (0.0037)	0.1040*** (0.0072)	0.0574*** (0.0065)	0.0607*** (0.0065)
ln*Psi*	0.3655*** (0.0488)	0.2969*** (0.0406)	0.2912*** (0.0408)	0.2125*** (0.0269)	0.2354*** (0.0247)	0.2279*** (0.0246)	0.2762*** (0.0480)	0.2276*** (0.0405)	0.2287*** (0.0407)
常数项	4.0721*** (0.1832)	4.1619*** (0.1519)	4.0886*** (0.1526)	-3.6257*** (0.1007)	-3.7690*** (0.0927)	-3.7758*** (0.0919)	5.5962*** (0.2149)	5.2715*** (0.1830)	5.1233*** (0.2004)
R²	0.6675	0.7162	0.7056	0.5739	0.5671	0.5734	0.6945	0.7152	0.7161
样本数	2882	3334	3347	2882	3334	3347	2882	3334	3347

注：括号内为标准误差；***、**和*分别表示在1%、5%和10%水平上显著。

从表 5 - 6 模型三估计结果可以发现，城市公共服务设施对城市经济增长具有显著的正向促进作用。城市公共服务设施水平每增长 1%，将导致城市 GDP 增长 0.27%。这一结果与其他关于城市公共服务设施与城市经济增长关系的研究结果相一致（张学良，2012；Bronzini et al.，2009）。张学良（2012）通过构建交通基础设施对区域经济增长的空间溢出模型，利用 1993—2009 年中国省级面板数据，实证检验出中国交通基础设施对区域经济增长的产出弹性值合计为 0.05—0.07。模型二结果同样也验证了假设 2，即城市公共服务设施的建设显著促进了城市经济增长。

模型三城市公共服务设施变量（lnPI）的系数显示，lnPI 在 1% 水平下显著，且土地收入的系数（0.034）小于模型一中土地收入的系数（0.045），根据中介效应分析方法，城市公共服务设施应对城市经济增长的中介效应为部分中介。这一结果意味着地方政府土地收入对城市经济增长的影响并不仅仅通过城市公共服务设施起作用，城市公共服务设施不是唯一的中介变量，土地收入也将通过其他因素或渠道影响城市经济。事实上，从土地支出的角度来看，尽管城市建设支出占土地出让纯收益的比重较大，但土地出让收入也被用于征地拆迁补偿、教育和保障房建设等支出。因此，我们将不难理解城市公共服务设施的部分中介效应。

为了分别考察土地出让收入和土地融资收入对城市经济增长的影响，验证城市公共服务设施的中介效应，笔者分别将土地收入变量（lnLc）和土地融资收入变量（lnLfc）加入模型，表 5 - 6 也报告了模型估计结果。结果显示，城市公共服务设施的中介效应依然存在。土地出让收入和土地融资收入均对城市公共服务设施水平具有显著的正向作用，城市公共服务设施建设也将积极地推动城市经济发展，通过模型估计结果我们也可以看出，在土地出让收入和土地融资收入推动经济增长的过程中，城市公共服务设施的建设也发挥着显著的中介作用。

二 敏感性分析

为了获得更加科学稳健的估计结果，笔者对模型一—模型三的稳健性进行敏感性分析。首先，笔者将所有的样本区域分为三大地区：东部沿海地区，包括北京、天津、河北、辽宁、上海、江苏、浙江、福建、广东、海南等；中部地区，包括吉林、黑龙江、山西、安徽、江西、河南、湖北、湖南；西部地区，包括内蒙古、广西、重庆、四川、贵州、云南、陕西、甘肃、青海、宁夏和新疆。其中，东部沿海地区包括 113 个城市，中部地区包括 72 个城市，西部地区包括 68 个城市。根据 hausman 检验结果，采用固定效应方法对面板数据模型一—模型三进行估计，表 5 - 7 报告了敏感性分析的结果。由东部沿海地区、中部地区和西部地区样本数据所构建的面板数据模型估计结果可以看出（见表 5 - 7），假设 1—假设 3 在上述三大地区均成立，由城市公共服务设施作为中介变量的土地开发对城市经济增长作用机制在东部、中部和西部地区均成立，特别地，土地收入每增长 1%，将分别推动东部沿海地区、中部地区和西部地区城市 GDP 增长0.2%、0.09% 和 0.2%。

表 5 - 7　　　　　　　　　　敏感性分析估计结果

区域	因变量	GDP	城市公共服务设施水平	GDP
东部地区	$\ln PI$			0.4114 *** （0.0420）
	$\ln Li$	0.1966 *** （0.0125）	0.0480 *** （0.0074）	0.1769 *** （0.0123）
	$\ln Lac$	0.3069 *** （0.0125）	0.0982 *** （0.0074）	0.2665 *** （0.0128）
	$\ln pFDI$	0.1081 *** （0.0094）	0.0850 *** （0.0056）	0.0731 *** （0.0098）
	$\ln Psi$	0.3102 *** （0.0583）	− 0.0237 （0.0346）	0.3200 *** （0.0566）
	常数项	4.1291 *** （0.2124）	− 2.7562 *** （0.1260）	5.2631 *** （0.2364）
	R^2	0.8052	0.6376	0.8191
	样本数	1535	1535	1535

续表

区域	因变量	GDP	城市公共服务设施水平	GDP
中部地区	lnPI			0.0707 * （0.0472）
	lnLi	0.0891 *** （0.0186）	0.0288 ** （0.0127）	0.087 *** （0.0187）
	lnLac	0.3626 *** （0.0145）	0.0462 *** （0.0099）	0.3593 *** （0.0146）
	ln$pFDI$	− 0.0493 ** （0.0114）	0.0711 *** （0.0078）	− 0.0543 *** 0.0119）
	lnPsi	0.1473 *** （0.0603）	0.3577 *** （0.0413）	0.1220 * （0.0626）
	常数项	5.0916 *** （0.2280）	− 4.1621 *** （0.1560）	5.3858 *** （0.3008）
	R^2	0.6503	0.4766	0.6557
	样本数	977	977	977
西部地区	lnPI			0.1217 *** （0.0519）
	lnLi	0.2026 *** （0.0231）	0.1111 *** （0.0155）	0.1890 *** （0.0237）
	lnLac	0.1700 *** （0.0203）	0.0760 *** （0.0136）	0.1608 *** （0.0206）
	ln$pFDI$	0.0305 ** （0.0122）	0.0568 *** （0.0082）	0.0235 ** （0.0126）
	lnPsi	0.4244 *** （0.0790）	0.4637 *** （0.0531）	0.3679 *** （0.0823）
	常数项	3.5936 *** （0.3026）	− 4.7820 *** （0.2035）	4.1758 *** （0.3906）
	R^2	0.5259	0.5076	0.531
	样本数	835	835	835

注：根据 hausman 检验结果，所有模型均应按照固定效应进行估计。括号内为标准误；***、** 和 * 分别表示在1%、5%和10%水平上显著。

其次，为了控制时间效应的影响，笔者将全部时间段划分为两段：1999—2004 年和2005—2012 年，并利用对每个时间段数据，对模型一至模型三进行固定效应估计，估计结果见表5-8。从表5-8可以看出，每个时间段变量的显著性及系数符号均与全部样本数据模型估计结果相一致，表明由城市公共服务设施作为中介变量的土地开发对城市经济增长作用机制在 1999—2004 年以及 2005—2012 年均成立。

表 5 - 8   不同时间段模型估计结果

时间段	模型一		模型二		模型三	
	GDP		城市公共服务设施水平		GDP	
	1999—2004	2005—2012	1999—2004	2005—2012	1999—2004	2005—2012
lnPI					0.234 *** (0.039)	0.304 *** (0.040)
lnLi	0.203 *** (0.013)	0.258 *** (0.015)	0.051 *** (0.009)	0.065 *** (0.008)	0.192 *** (0.013)	0.238 *** (0.015)
lnLac	0.248 *** (0.013)	0.230 *** (0.013)	0.085 *** (0.009)	0.074 *** (0.007)	0.228 *** (0.013)	0.208 *** (0.014)
ln$pFDI$	0.095 *** (0.008)	0.073 *** (0.009)	0.080 *** (0.006)	0.088 *** (0.005)	0.076 *** (0.009)	0.047 *** (0.009)
lnPsi	0.306 *** (0.059)	0.283 *** (0.056)	0.173 *** (0.041)	0.268 *** (0.031)	0.265 *** (0.059)	0.202 *** (0.056)
_ Cons	4.041 *** (0.218)	4.083 *** (0.211)	- 3.606 *** (0.151)	- 3.921 *** (0.117)	4.888 *** (0.257)	5.275 *** (0.260)
R^2	0.685	0.651	0.46	0.552	0.695	0.663
样本数	1329	2018	1329	2018	1329	2018

注：括号内为标准误；***、** 和 * 分别表示在 1%、5% 和 10% 水平上显著。

综上所述，通过改变模型样本数量以及控制时间效应，我们均可以得到稳健显著的模型估计结果，由此可以看出，表 5 - 6 的模型估计结果是稳健的。

第五节　本章小结

回顾中国过去 30 年（特别是最近 10 多年）经济发展，我们可以发现，受土地制度改革的深入，土地在城市经济发展上释放了巨大的活力，在城市经济快速发展过程中起到了十分重要的作用。从土地的属性来看，我国国有城市建设用地已经从单一的要素属性向资本属性转变，土地资产化出现，土地开始作为一种要素参与社会财富的分配。同时，地方政府凭借对国有城市建设用地的垄断地位，在土地资产化背景下，在土地开发过程中获得了大量的土地收入，地方政府的土地收入通过投资于城市公共服务设施，显著提升了城市公共服务设施水平，对城市经济增长具有明显的直接投资拉动作用和间接的外部溢出效应。尽管许多研究实证探讨了土地开发、城市公共服务设施与城市经济增长间的两两密切关系，但相关研究对土地开发对城市经济增长的作用机制和传导路径，以及城市公共服务设施的中介作用等关注较少。利用 253 个城市 1999—2012 年的面板数据模型，采用中介效应分析方法，笔者实证验证了土地开发对城市经济增长的作用机制和传导路径以及城市公共服务设施的中介作用。研究结果发现：土地开发显著推动了城市公共服务设施水平的提升，同时，城市公共服务设施对城市经济增长具有积极的促进作用。因此，城市公共服务设施在土地开发影响城市经济增长的机制中发挥着中介效应，同时，城市公共服务设施的中介效应为部分中介。

本书可以视作首次尝试从城市公共服务设施中介作用的角度来实证研究土地开发对城市经济增长影响的作用机制和传导路径。但正如郑思齐等（2013）的研究所指出的，土地开发、土地收入以及城市经济增长之间关系较为复杂，土地收入与城市经济增长之间或许存在自我强化机制和循环累积作用。尽管有许多学者探讨了土地开发与城市经济增长之间的直接关系，但关于经济增长影响土地收入的经济机理和机制研究还较少。因此，在本书的基础上尝试探讨土地收入与城市经济增长间的自我强化机制以及分析土地开发、土地收入以及城市经济增长间的循环累积效应也将具有重要的理论和实践意义。

本书的研究从城市公共服务设施中介作用的角度实证验证了地方政府土地开发所获得的土地收入对城市经济增长的影响。从短期来看，地方政府这种"经营土地"获得土地收入推动城市经济发展的模式，是分税制后地方政府"钱袋子"捉襟见肘时的必然选择，对中国许多城市的经济增长和城市形象提升做出了很大的贡献。但从城市可持续发展的角度看，这种模式也存在很多潜在问题。但从长期来看，地方政府通过土地开发获得土地收入的这种"寅吃卯粮"的模式并不可持续。在国家不断控制城市建设用地规模的政策下，改变当前城市公共服务设施投资过度依赖地方政府尤其是依赖地方土地开发的局面，探索"升级版"的可持续性城市建设投融资模式已经是当务之急。允许社会资本通过特许经营等方式参与城市基础设施投资和运营或许是今后城市公共服务设施投融资的发展趋势，社会资本的加入不仅可以加大城市基础设施建设力度，同时可以提高基础设施运营质量和服务效益，满足群众对公共产品和服务的需求。与此同时，通过调整分税体制、引入物业税、允许地方政府发行债券等措施，为地方政府提供可用于城市基础设施投资的预算内财政收入来源，也是一项可行的政策选择。

第六章　土地开发对城市经济增长的
直接和间接影响

第一节　研究背景

过去 40 多年来，中国经历了快速的城镇化和工业化进程，中国经济保持了强劲的高增长，经济增长率和工业增长率保持在两位数以上，城镇化率已经超过 50%。2000—2013 年，中国城镇化率由 36.22% 增长到 53.37%，工业增加值由 40259.7 亿元增加到 222337.6 亿元，年均增长 12.98%；2013 年人均 GDP 是 2000 年的 5 倍多，达到 43852 元。

对于这一"经济奇迹"的创造，学界各有解释。在笔者看来与其他经济体高速工业化、城镇化阶段的特征相比，土地在中国 20 世纪 90 年代中期开始的这一轮经济发展中扮演的角色非常独特、举足轻重（石敏俊等，2017）。改革开放后，随着土地使用制度改革的深入，中国国有城市建设用地开始从无偿、无期限、无流动向有偿、有期限、有流动转变，土地作为一种重要的生产要素开始参与社会财富的分配。1994 年分税制改革后，财权和事权的不统一，促使地方政府不得不承担起土地开发的角色，在以 GDP 为目标的政绩考核机制的压力下，地方政府开始积极开发并经营土地，通过创办各种园区，提供优良的政策环境，低价供应土地。进入 21 世纪，中国城镇化进程大大加快。面对城市建设的巨额资本需求，中国不失时机地深化土地使用制度改革，对经营性用地实行"招拍挂"制度，加快了土地向资本形态转变，将土地的功能从传统的生产和生活功能，拓展到资本功能。同时，住房制度改革后，随着房地产和土地价格的不断上涨，土地开始成为地方政府所能控制的最大资产，地方政府凭借对土地的垄断地位在土地开发和出让过程中获得了大量的土地收入（Tian and Ma，2009；Tao et al.，2010；Cai，2016）。"十一五"期间地方政府获得的土地出让收入达到 7.52 万亿元，是"十五"期间的 3.4 倍。分区域来看，浙江、山东、江苏、辽宁等省份土地出让收入占地方政府财政收入的比重超过 50%。另外，土地作为一种重要的资产，有些地方政府变相以土地作为抵押，获得了大量的土地融资收入。土地融资收入也是地方政府土地收入的重要组成部分。2009—2015 年，84 个重点城市土地抵押贷款收入高达 11.33 万亿元。

地方政府土地收入的大部分被用于城市公共服务设施投资（蒋省三等，2007；Tao，2013）。公共服务设施水平的提升能够提升城市的招商引资环境，促使产业和人口集聚。刘守英等（2012）指出，20 世纪 90 年代以来，地方政府"土地开发—土地收入—城市公共服务设施—城市经济增长"的发展模式在各地普遍流行，并显著推动了辖区城镇化进程和经济发展。

关于土地开发、土地收入以及城市经济增长间两两相互的关系学者们已经进行了大量的研究，有些学者认为土地开发是城市经济增长的重要结果（Lin，2007；Deng et al.，2008；Gibson et al.，2014）。经济的快速发展促使对城市建设用地的需求不断增加，导致土地利用方式发生了变化，大量土地由农业用地向城市建设用地转变（Lin et al.，2005；Gao et al.，2015）。作为一种重要的生产要素，一些学者实证考察了城市土地扩张对经济增长的积极影响，城市建设用地的供给被证明是中国经济增长的重要引擎（Ding，2007；Ding et al.，2011；Bai et al.，2011）。然而，He et al.（2014）考察了建设用地扩张与城市经济间的因果关系，研究发现城市建设用地扩张不仅仅是经济增长的重要结果，其也会对城市经济产生直接和间接影响。另外一些学者研究土地开发过程中地方政府所获得的大量土地收入对城市经济的影响。Liu et al.（2014）的研究认为，为满足工业和商住用地的需求，地方政府在积极出让土地的同时，获得了大量的土地收入，土地出让收入在当期或未来将显著推动城市 GDP 增长，地方政府通过土地出让方式所获得的大量土地收入极大地刺激了城市经济增长。Fan et al.（2016）利用中国 253 个城市 1999—2012 年的面板数据模型，采用中介效应分析方法，验证了土地开发对城市经济增长的作用机制和传导路径以及城市公共服务设施的中介作用，研究结果发现：土地开发显著推动了城市公共服务设施水平，同时，城市公共服务设施对城市经济增长具有积极的促进作用。

综上，学者们已对土地开发、城市公共服务设施、城市经济增长间的两两相互关系进行了大量研究，但鲜有研究探讨土地开发对城市经济增长的作用机制和传导路径，也没有分析土地收入对城市经济增长的直接和间接影响。另外，已有研究大都通过计量分析的方法对变量间的因果关系进行实证分析，但是土地开发、城市公共服务设施与城市经济增长是复杂的多变量因果关系，为了解决计量分析方法不能较好地解决不可直接观测的变量（潜变量）以及多原因、多结果的关系问题，笔者通过构建结构方程模型，对土地开发对城市经济增长的作用机制和传导路径进行实证分析，并详细分析土地收入对城市经济增长的直接和间接影响。

第二节　研究框架

一　从土地资本化到城市公共服务设施投资

20 世纪 90 年代以来，随着一系列制度改革的深入，地方政府积极开发并经营土地，土地成为地方政府所能掌握的最大资产，其在土地开发和经营中获得了巨大的土地收入。根据土地收入的不同来源，笔者将土地收入分为土地出让收入和土地融资收入。从土地出让收入来看，2000—2015 年，地方政府土地出让收入从 596 亿元增长到 2013 年的 3.37 万亿元，年均增长 30% 多（见图 6 - 1）。2010 年后土地出让收入占地方政府财政收入的比重高达 50% 以上。对于土地融资收入来看，土地融资收入主要包括土地抵押贷款收入和以土地为担保所发行的城投债。2015 年，84 个重点城市土地抵押贷款收入高达 1.78 万亿元，2009—2015 年地方政府土地抵押贷款收入总额高达 11.33 亿元（见表 6 - 1）。

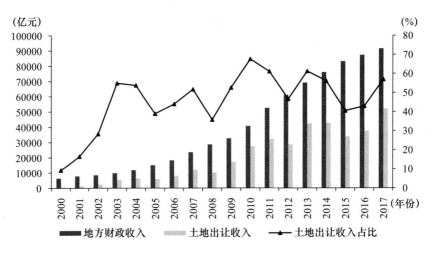

图 6 - 1　土地出让收入增长及占比情况

资料来源：2000—2014 年数据来源于《中国城市统计年鉴》《中国国土资源统计年鉴》和财政部《全国土地出让收支情况》。

表 6 - 1　　　　　2009—2014 年 84 个重点城市土地

抵押贷款面积及金额

	2009	2010	2011	2012	2013	2014	2015
累计土地抵押面积（万公顷）	21.7	25.82	30.08	34.87	40.39	45.10	49.08

续表

	2009	2010	2011	2012	2013	2014	2015
累计土地抵押金额（万亿元）	2.59	3.53	4.8	5.95	7.76	9.51	11.33
土地抵押面积净值（万公顷）	5.1	3.74	4.19	4.72	5.33	4.56	3.87
土地抵押金额净值（万亿元）	0.77	0.92	1.27	1.12	1.77	1.73	1.78

资料来源：《中国国土资源统计公报》（2009—2015）。

　　从已有研究及统计数据来看，地方政府土地收入的大部分用于城市公共服务设施，如用于城市道路、供水供气管道和城市绿化等（Lin，2007；Liu，2008；Fan et al.，2016）。2007 年前，中央政府对土地出让支出监管较少，但地方政府在以 GDP 为目标的政绩考核机制下，为了获取经济的快速发展，通过创办各类高标准的园区（开发区、高新区等），提供优良的招商引资环境，积极吸引内外部资金。地方政府所创办的各类高标准园区基本都达到了"五通一平"或"七通一平"。然而 2007 年后，国务院发布的《关于加强土地调控有关问题的通知》正式实施，规定国有土地出让总价款纳入地方预算，缴入地方国库，实行"收支两条线"管理。同时，国务院办公厅出台《关于规范国有土地使用权出让收支管理的通知》，明确将土地出让收支全额纳入预算，支出通过地方基金预算安排，实行"收支两条线"管理，土地出让收支步入规范化管理轨道。并详细规定了土地出让收入的使用范围，规定土地出让收入主要用于征地和拆迁补偿、土地开发、支农、城市建设、其他支出等范围。值得注意的是，地方政府土地出让支出中用于土地开发的部分作为土地出让收入的成本，也被用于交通、供排水、供热等城市公共服务设施，从而将"生地"转化为"熟地"。据统计，2015 年扣除土地开发成本后，地方政府土地纯收益的 51.30% 用于城市公共服务设施建设投资（约 3531.53 亿元）（见图 6 - 2）。刘守英和蒋省三（2007）通过对东部沿海地区 J 市的调研发现，J 市 1999—2003 年的基础设施投资总额为 233.27 亿元，其中财政投入仅为 30 亿元，占基础设施投资总额的 12.8%；土地出让收入投入 33.27 亿元，占比为 14.3%；而土地融资收入的投资达到 170 亿元，占比高达 72.88%。同时，他们的调研还显示，2003 年在 S 县 60 亿元基础设施投资中，政府预算内资金投入仅为 1.59 亿元，政府性基金投入 0.89 亿元，土地出让收入投入 19.2 亿元，而土地融资投入高达 38.32 亿元，占基础设施投资总额的比重达到 63.87%。由此可以看出，地方政府进行土地融资的前提和基础就是为了基础设施投资筹集资金。土地融资收入成为地方政府城市基础设施建设的主要资金来源。

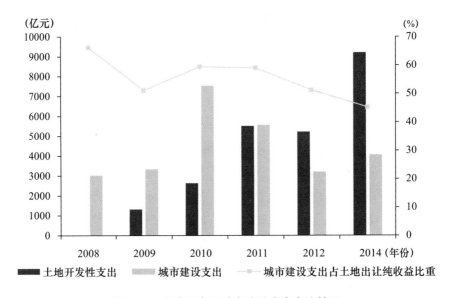

图 6 - 2　土地开发及城市建设支出占比情况

资料来源：财政部《全国土地出让收支情况（2008—2015）》（2013 年数据缺失）。

二　城市公共服务设施的直接和间接效应

过去 10 多年来，在地方政府土地收入为主要资金来源的支持下，我国城市公共服务设施投资支出不断增加，城市市政公用建设固定资产投资已从 2000 年的 1849.5 亿元增加到 2014 年的 16054 亿元，15 年增长了近 8 倍，年均增长 15.50%（见图 6-3）。在巨大的资金支持下，中国城市市政公用设施水平也取得了较大的提升。

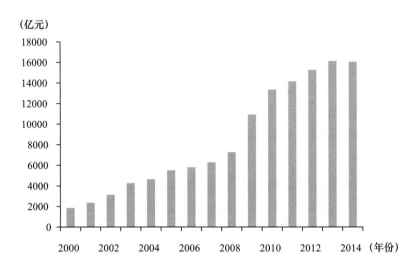

图 6-3　2000—2014 年中国城市市政公用设施固定资产投资情况

资料来源：《中国城市建设统计年鉴》（2001—2015）。

以城市道路为例，城市道路长度由 2000 年的 16.0 万公里增长到 2014 年的 68.3 万公里，年均增长 10.16%；城市集中供热面积由 2000 年的 11.1 亿立方米增长到 2015 年的 67.2 亿立方米，增长了 5.05 倍；城市排水管道长度①由 2000 年的 14.2 万公里增长到 2013 年的 54.0 万公里，年均增长 8.71%。同时，截至 2014 年，中国城市用水普及率、燃气普及率、城市绿地面积等关键指标分别达到 98.1%、95.3%、267.0 万公顷，分别为 2001 年的 1.36 倍、1.58 倍、2.82 倍②（见表 6-2）。

---

① 包括城市供排水、供热、供气管道。其中，供热管道包括热水管道和蒸汽管道长度，供气管道包括人工煤气、液化石油气和天然气管道。

② 因 2000 年用水普及率和燃气普及率数据缺失，其倍数计算为 2001 年数据。

表 6 – 2   2000—2015 年中国城市主要市政公共设施建设情况

年份	用水普及率（%）	燃气普及率（%）	供热面积（亿平方米）	年末实有道路长度（万公里）	城市排水管道长度（万公里）	城市绿地面积（万公顷）
2000			11.1	16.0	14.2	86.5
2001	72.3	60.4	14.6	17.6	15.8	94.7
2002	77.9	67.2	15.6	19.1	17.3	107.2
2003	86.2	76.7	18.9	20.8	19.9	121.2
2004	88.9	81.5	21.6	22.3	21.9	132.2
2005	91.1	82.1	25.2	24.7	24.1	146.8
2006	86.7	79.1	26.6	24.1	26.1	132.1
2007	93.8	87.4	30.1	24.6	29.2	170.9
2008	94.7	89.6	34.9	26.0	31.5	174.7
2009	96.1	91.4	38.0	26.9	34.4	199.3
2010	96.7	92.0	43.6	52.1	37.0	213.4
2011	97.0	92.4	47.4	30.9	41.4	224.3
2012	97.2	93.3	51.8	32.7	43.9	236.8
2013	97.6	94.3	57.2	64.4	46.5	242.7
2014	97.6	94.6	61.1	68.3	51.1	252.8
2015	98.1	95.3	67.2	71.8	54.0	267.0

资料来源：《中国统计年鉴》（2001—2016）。

　　基础设施对城市经济增长的作用学者们已经在理论和实证上进行了大量研究（Lucas，1988；Aschauer，1989；Munnell，1992；Hsieh，1999）。已有研究表明，基础设施对经济增长的影响具有直接和间接的作用。从理论上来看，一方面，按照新古典经济增长理论，基础设施作为一种投资，加大基础设施投资形成了资本积累，可以直接拉动经济增长；另一方面，作为一种中间投入，基础设施投资具有外部溢出效应，可以改善招商引资环境，吸引外部投资，间接推动城市经济增长。从实证研究来看，阿绍尔（Aschauer，1989）第一次实证探讨了基础设施投资对美国经济增长的影响，其后，众多学者对基础设施与经济增长关系进行了大量研究。从实证研究结果来看，有学者认为，作为一种投资支出，基础设施建设能够促进经济增长（Démurger，2001；Esfahani and Ramirez，2003）；也有部分学者认为，政府的基础设施投资支出能够挤占并抑制私有投资，对经济增长的影响不显著（Garcia - Mila et al.，1996）；甚至有些学者认为，基础设施建设对经济增长起负影响（Ghali，1998）。Caldoerón 和 Servén（2004）系统总结了学者们对基础设施建设与经济增长二者之间关系的实证检验，研究发现在 17 篇关于发展中国家基础设施对经济增长的影响文献中，有 16 篇结果认为基础设施建设能够促进经济增长；而在 29 篇对发达国家的相关研究中，有 21 篇结果认为基础设施建设能够促进经济增长。尽管目前学界对基础设施与经济增长关系的研究尚未完全达成一致结论，但大多数研究认为基础设施投资建设能够正向显著影响经济。

关于基础设施对经济增长的直接效应即投资支出效应较容易理解。但是对于间接效应来说，不同的学者从不同的角度出发解释并不相同。笔者认为，一方面，基础设施水平是影响企业区位选择的重要因素。韦伯（Weber，1929）的工业区位论认为，交通和运输成本是决定工业区位的主要因素；勒施（Losch，1959）强调市场规模对工业区位选择的影响；新经济地理学强调运输成本、不完全竞争对企业区位选择的影响。为了降低企业的运输成本，企业倾向于向交通等基础设施较好的城市集聚（Holl，2004）。高水平的交通基础设施建设可以降低交易成本并促进中间投入品的共享，反过来又使得经济活动集聚水平较低的区域对企业区位选择更具吸引力（Martin and Rogers，1995；Martin，1999）。

另一方面，基础设施水平的提升促进人口流动。人们对高质量生活（quality-of-life，QOL）的追求逐渐成为影响人口区位选择的重要因素（Berger et al.，1992；Kim et al.，2005）。高水平的生活服务设施能够增强城市的舒适度（amenity），进而促使农村人口向城市转移（Renkow et al.，2000；Li et al.，2002；Lall et al.，2006）。除工资收入和生活成本之外，Krupka（2009）强调高质量生活是影响人口转移的第三大因素。因此，人口倾向于从基础设施水平较低的地区向基础设施水平较高的区域转移。

从中国城市经济发展的实践来看，超大城市、特大城市等城市建设用地的扩张，显著带动了工业和常住人口的增加。表 6-3 显示了中国超大城市、特大城市、大城市和中等城市建成区面积、工业总产值和城区常住人口呈现出正向联动的关系。2000—2010 年，超大城市建成区面积增长了 119.5%，工业总产值增长了 114.37%，城区常住人口增长了 23.22%，建成区面积、工业总产值和城区常住人口均呈现出积极的正向增长关系。但是小城市建成区面积、工业总产值和城区常住人口三者却并未呈现出联动发展的关系，2000—2010 年中国小城市常住人口减少了 2.09%（见表 6-4）。

图 6-4 显示了地方政府土地开发对城市经济增长的作用机制和传导路径。

表 6-3　2000 年以来不同城市规模城市土地—产业—人口变化情况[①]

城市规模	建成区面积（平方公里）			工业总产值（亿元）			城区常住人口（万人）		
	2000	2010	2013	2000	2010	2013	2000	2010	2013
超大城市	409.33	898.50	989.67	7935.55	17011.28	21961.09	1454.82	1792.67	1887.96
特大城市	164.00	351.20	402.40	2731.03	7113.02	9758.97	727.73	885.88	901.29
大城市 I	59.77	100.56	119.00	728.14	2245.93	3492.31	454.67	469.18	478.84
大城市 II	126.09	252.05	313.95	2414.23	6182.95	8491.38	511.95	630.15	653.65
中等城市	37.42	56.41	67.47	351.91	1159.18	1912.83	317.19	327.09	325.72
小城市	41.17	35.57	43.66	200.12	713.46	1150.21	231.43	226.60	223.06

资料来源：《中国城市统计年鉴》（2001—2014 年），城区常住人口数据（2000 年和 2010 年）来源于第五次和第六次人口普查。

---

① 城市规模分类按照 2014 年国务院印发的《关于调整城市规划分类标准的通知》中对城市规模新划定的分类标准。

表6-4　　　　不同规模城市土地—产业—人口增长情况　　　（单位:%）

	工业总产值		建成区面积		城区常住人口	
	2000—2010	2010—2013	2000—2010	2010—2013	2000—2010	2010—2013
超大城市	114.37	29.10	119.50	10.15	23.22	5.32
特大城市	160.45	37.20	114.15	14.58	21.73	1.74
大城市Ⅰ	208.45	55.50	68.26	18.34	3.19	2.06
大城市Ⅱ	156.10	37.34	99.89	24.56	23.09	3.73
中等城市	229.40	65.02	50.75	19.60	3.12	-0.42
小城市	256.52	61.21	-13.59	22.73	-2.09	-1.56

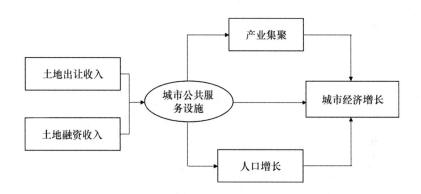

图6-4　土地开发对城市经济增长的作用机制

第三节　研究方法及数据来源

一　结构方程模型简介

结构方程模型是基于统计分析技术来处理因果关系模型的一种研究方法，它可以进行路径分析（path analysis）、因子分析、回归分析及方差分析，主要用于解决社会科学研究中复杂的多变量问题，能够解决在经济、管理等研究中传统的统计方法不能很好解决的不可直接观测的变量（潜变量）和多原因、多结果关系等问题，能够对抽象的概念进行估计与检定，同时进行潜在变量的估计与复杂自变量/因变量预测模型的参数估计（Schumacker and Lomax，2004；Hair et al.，2009）。结构方程中共包括潜变量与显变量两种类型的变量，在社会科学领域中主要用于分析观察变量间彼此的复杂关系。潜变量是个无法直接测量的构念，如智力、动机、信念、满足与压力等，这些无法观察到的构念可以借由一组观察变量（显变量）来加以测量。方法学意义上的测量指标分为间断、连续及类别指标，因素分析模型就是一种具连续量尺指标的潜在变量模型的特殊案例。

结构方程模型包括两种基本形式：一种是描述显示变量与潜在变量之间的度关系，称为测量模型；另一种是描述潜在变量之间的结构关系，称为结构模型。

测量方程：

$$X_i = \Lambda_{x_i}\xi + \delta;$$
$$Y = \Lambda_y \eta + \varepsilon$$

测量方程是表示观测变量 X、Y 与潜变量 η、ε 之间关系的方程组。其中 Y 代表流动人口健康程度，X 拟设定五个变量，包括 X_1 代表人口学特征变量，X_2 代表工作环境变量、X_3 代表生活条件变量、X_4 代表健康意识变量、X_5 代表社会支持变量。

结构模型：$\eta = B\eta + \Gamma\xi + \zeta$

结构方程是表示潜变量与潜变量之间关系的方程。由测量方程与结构模型结合，通过一种迭代求解过程，就能计算出结构方程模型中的各个参数，进而分析出各个潜变量之间的相互影响大小。

一般来讲，结构方程模型分析过程可分为模型设定、模型识别、参数估计、模型评价和模型修正五步骤（侯杰泰等，2004）（见图 6-5）。图 6-6 描述了结构方程模型的常用图标及含义，根据 SEM 模型构建原理及典型示意图，结合图 6-5 阐述的分析框架，笔者构建了反映土地收入对城市经济增长传导路径的结构方程模型（见图 6-7）。

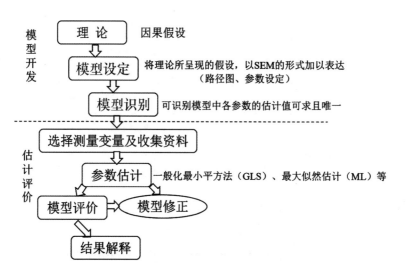

图 6 - 5　结构方程模型分析过程

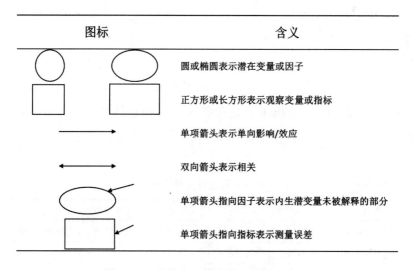

图 6 - 6　结构方程模型常用图标及含义

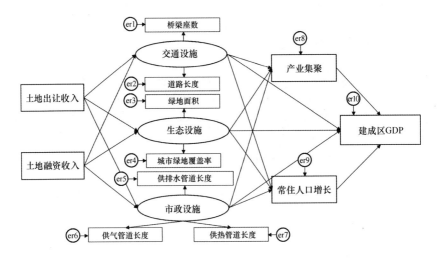

图 6 - 7   土地收入对城市经济增长的结构方程模型传导路径

二 变量设定及数据来源

本章中相关经济变量如建成区 GDP 以及产业集聚等数据来源于《中国城市统计年鉴》，土地出让收入数据来源于《中国国土资源统计年鉴》，城市公共服务设施数据来源于《中国城市建设统计年鉴》，常住人口人数来源于第五次和第六次人口普查。考虑到一些城市数据缺失，笔者提出这些城市后将研究样本限定在 585 个城市（包括 4 个直辖市）。表 6 - 5 给出了变量数据来源和描述性统计 [Δ（2000—2010）]。

表 6 - 5   数据来源及描述性统计

变量	数据来源	平均值	标准差	时间段
土地出让收入	中国国土资源统计年鉴	108.07	208.44	Δ（2000—2010）
土地融资收入	中国城市建设统计年鉴	14.34	44.95	Δ（2000—2010）
产业集聚	中国城市统计年鉴	2092.15	3030.18	Δ（2000—2010）
常住人口增长	五普、六普人口调查数据	31.14	85.88	Δ（2000—2010）
城市 GDP	中国城市统计年鉴	691.77	1454.53	Δ（2000—2010）

续表

变量	数据来源	平均值	标准差	时间段
桥梁座数	中国城市建设统计年鉴	55.82	323.04	Δ（2000—2010）
道路长度	中国城市统计年鉴	377.32	950.61	Δ（2000—2010）
绿地面积	中国城市统计年鉴	4210.60	12143.81	Δ（2000—2010）
建成区绿化覆盖率	中国城市统计年鉴	0.96	21.35	Δ（2000—2010）
供排水管道长度	中国城市建设统计年鉴	2108.07	3958.66	Δ（2000—2010）
供气管道长度	中国城市建设统计年鉴	599.65	1235.87	Δ（2000—2010）
供热管道长度	中国城市建设统计年鉴	267.76	1020.79	Δ（2000—2010）

由于在现有统计年鉴并没有关于土地融资收入的系统统计数据，参考郑思齐等（2014）和 Fan et al.（2016）的研究，笔者用城市基础设施投资资金来源中的国内贷款、债券收入来代替。由于并非所有的土地出让收入都用于城市公共服务设施，因此，为了减少估计误差，从而获得更加准确和无偏的 SEM 估计结果，笔者对土地出让数据进行了修正，将各城市土地出让收入用于城市建设和土地开发的部分来近似作为城市公共服务设施投资。参照严盛虎等（2012）的研究，笔者将城市公共服务设施分为交通设施、生态设施和生活设施。同时，笔者用道路长度和桥梁座数来表征城市交通设施，用绿地面积和建成区绿化覆盖率来表征城市生态设施，用供、排水管道长度、供热和供气管道长度①来表征城市生活设施。产业集聚和常住人口变动变量用 2000—2010 年工业产出变动和常住人口变动来表示，城区 GDP 变动反映了不同时期城市经济增长情况。

第四节 实证估计结果

利用 AMOS 18.0 采用极大似然估计的方法对图 6-6 所示的结构

---

① 供热管道长度包括热水和蒸汽管道长度；供气管道长度包括人工煤气、天然气和液化石油气。

方程模型进行了估计。图 6-8 和表 6-6 显示了所有城市样本 2000—2010 年标准化估计系数。在结构方程模型估计中，参考大多数的研究，笔者用一系列适配度指标来表示模型的拟合优度（Bagozzi and Yi, 1988；Hu and Bentler, 1995；Kline, 1998）。表 6-6 显示的模型估计结果的渐进残差均方和平方根（RMSEA）为 0.038，这一结果小于 0.05，同时，模型规准适配指数（NFI）为 0.978、比较适配指数（CFI）为 0.921，结果均大于 0.9，表明模型适配度较好。因此，模型估计结果较好。

表 6-6 栏 1 显示的标准化估计参数结果表明，土地出让收入正向积极显著地影响城市公共服务设施，土地出让收入每增加 1 个标准单位，将会促使交通设施、生态设施和生活设施分别增加 0.345、0.402 和 0.346 标准单位。在 2000—2010 年，土地融资收入也会显著影响城市公共服务设施，土地融资收入每增加 1 个标准单位，将会促使交通设施、生态设施和生活设施分别增加 0.339、0.335 和 0.326 标准单位。上述结果表明土地出让收入和土地融资收入均积极显著地影响城市公共服务设施。同时，我们也可以发现，上述三类城市公共服务设施会直接地积极地影响城区 GDP，交通设施、生态设施和生活设施对城区 GDP 的影响分别为 0.269、0.120 和 0.121。另外，上述三类公共服务设施将通过产业集聚和常住人口变动对城区 GDP 产生间接影响，产业集聚和常住人口变动对城区 GDP 的影响系数分别为 0.317 和 0.326。因此，本章的实证结果验证了土地收入对城市经济增长的作用机制和传导路径。

基于上述土地收入、城市公共服务设施和城区 GDP 三者关系的估计结果，笔者计算了土地收入对城区 GDP 影响的直接和间接效应，表 6-7 报告了计算的直接和间接效应。结果显示，土地收入对城区 GDP 的直接和间接影响分别为 0.352 和 2.738，总效应为 3.090，意味着土地收入每增加 1 标准单位，将会通过直接效应促使城区 GDP 增加 0.352 标准单位，通过间接效应促使城区 GDP 增加 2.738 标准

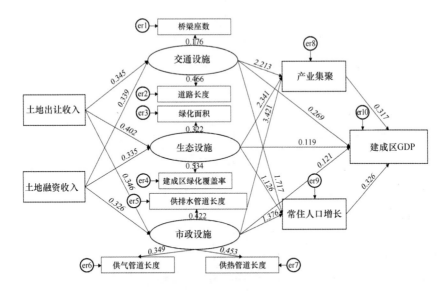

图 6 - 8　全部城市结构方程模型估计结果 [Δ（2000—2010）]

单位。土地收入对城区 GDP 影响的间接效应远大于直接效应，间接效应是直接效应的 7.8 倍多。这一结果与中国经济增长研究课题组的阐述相一致（中国经济增长前沿课题组等，2011）。

表 6 - 6　　结构方程模型极大似然估计结果 [Δ（2000—2010）]

传导路径	全部城市	人均 GDP 9 万元以上城市	人均 GDP 4 万—9 万元城市	人均 GDP 2 万—4 万元城市	人均 GDP 2 万元以下城市
土地出让收入→交通设施	0. 345 ***	0. 424 ***	0. 379 ***	0. 279 **	0. 281 ***
土地融资收入→交通设施	0. 339 ***	0. 420 **	0. 378 *	0. 308 ***	0. 293 ***
土地出让收入→市政设施	0. 402 ***	0. 413 ***	0. 406 ***	0. 397 ***	0. 389 **
土地融资收入→市政设施	0. 335 ***	0. 397 ***	0. 400 **	0. 275 **	0. 281 ***
土地出让收入→生态设施	0. 346 **	0. 413 ***	0. 344 ***	0. 304 **	0. 289 **
土地融资收入→生态设施	0. 326 ***	0. 368 **	0. 278 **	0. 284 *	0. 268 ***
交通设施→产业集聚	2. 213 ***	2. 168 *	2. 211 ***	2. 225 ***	2. 314 ***

续表

传导路径	全部城市	人均 GDP 9 万元以上城市	人均 GDP 4 万—9 万元城市	人均 GDP 2 万—4 万元城市	人均 GDP 2 万元以下城市
交通设施→常住人口增长	1.717***	1.816***	1.878**	1.794***	1.643**
生态设施→产业集聚	2.341***	2.231***	2.212***	2.424**	2.441***
生态设施→常住人口增长	1.126***	1.152**	1.878***	1.184**	1.569**
市政设施→产业集聚	3.421**	3.312***	3.428**	3.521***	3.325***
市政设施→常住人口增长	1.376***	1.229***	1.570***	1.787***	1.112*
桥梁座数→交通设施	0.176***	0.116***	0.212***	0.390***	0.176***
道路长度→交通设施	0.466**	0.561***	0.469***	0.461***	0.454**
绿地面积→生态设施	0.322***	0.250**	0.326***	0.561***	0.445***
绿化覆盖率→生态设施	0.534***	0.650***	0.463***	0.247***	0.756***
供排水管道长度→市政设施	0.422**	0.466**	0.479***	0.372***	0.356**
供气管道长度→市政设施	0.349**	0.519***	0.360***	0.233***	0.333**
供热管道长度→市政设施	0.453***	0.508***	0.432***	0.321***	0.414***
生态设施→建成区 GDP	0.119**	0.102**	0.129***	0.118**	0.112*
市政设施→建成区 GDP	0.120***	0.162***	0.108**	0.141***	0.126***
交通设施→建成区 GDP	0.269*	0.193***	0.293***	0.295***	0.243**
产业集聚→建成区 GDP	0.317***	0.289***	0.323***	0.311**	0.320***
常住人口增长→建成区 GDP	0.326***	0.430**	0.381***	0.212**	−0.15**
χ^2	156.677	178.654	156.032	159.935	164.651
df	56	56	56	56	56
RMSEA	0.038	0.044	0.032	0.023	0.011
CFI	0.978	0.924	0.916	0.977	0.953
NFI	0.921	0.920	0.931	0.915	0.997

注：***、**和*分别表示在1%、5%和10%水平上显著。

表 6 - 7　　　　　　　　土地收入对城市经济增长的直接和间接影响

时间段	样本	直接影响	间接影响			总效应
			产业集聚	常住人口增长	总和	
2000—2010	全部城市	0.352	1.778	0.960	2.738	3.090
	人均 GDP 9 万元以上城市	0.374	1.808	1.474	3.282	3.655
	人均 GDP 4 万—9 万元城市	0.389	1.877	1.469	3.346	3.735
	人均 GDP 2 万—4 万元城市	0.337	1.636	0.625	2.261	2.599
	人均 GDP 2 万元以下城市	0.286	1.746	-0.330	1.416	1.702
2011—2013	全部城市	0.296	0.172	1.954	2.126	2.422
	人均 GDP 9 万元以上城市	0.218	0.027	1.953	1.98	2.198
	人均 GDP 4 万—9 万元城市	0.286	0.276	1.771	2.047	2.333
	人均 GDP 2 万—4 万元城市	0.364	0.148	1.878	2.026	2.390
	人均 GDP 2 万元以下城市	0.367	0.266	1.911	2.177	2.545

另外，表 6 - 7 显示土地收入通过产业集聚和常住人口变动对城区 GDP 的影响分别为 1.778 和 0.960，这意味着土地收入通过产业集聚对城区 GDP 的间接影响大于通过常住人口对城区 GDP 的影响。事实上，2000—2010 年，中国经历了快速的工业化进程（Hu et al.，2015），规模以上企业工业总产值在此期间增长了 8 倍，年均增长 21.65%。同时许多研究也认为产业集聚是推动中国经济增长的重要引擎（Martina and Ottaviano，2001；Cieeone，2002；Fan，2003）。因此，我们认为产业集聚对经济增长的影响较大是科学合理的。

为了检验模型估计结果的稳健性，首先，根据 2010 年人均 GDP 水平，笔者将全部样本城市分为四类：人均 GDP 9 万元以上城市、人均 GDP 4 万—9 万元城市、人均 GDP 2 万—4 万元城市以及人均 GDP 2 万元以下城市，各类型城市分别包含 14 个、128 个、122 个以及 21

个样本。同样利用 AMOS 18.0 软件、采用极大似然估计方法对四类城市结构方程模型进行估计。从模型估计结果的适配度指标来看，模型的渐进残差均方和平方根（RMSEA）、规准适配指数（NFI）以及比较适配指数（CFI）均处于合理范围，表明模型拟合较好。从表6-8显示的估计结果来看，各路径系数的显著性及符号与所有城市样本模型估计结果相一致，表明对各类型城市来说土地收入均显著影响了城市 GDP。但是表6-6第5栏中，在人均 GDP 低于2万元城市类型中，常住人口变动对城区 GDP 的影响为负（路径系数为-0.150）。事实上，2000—2010年，人均 GDP 低于2万元城市的常住人口是不断减少的，大部分人均 GDP 低于2万元的城市是"收缩城市"（毛其智等，2015）；然而2000—2010年，人均 GDP 低于2万元城市的 GDP 水平却增加了89.1亿元。因此，笔者认为常住人口对城区 GDP 的影响为负是合理的。总之，在不同类型的城市中，产业集聚对城区 GDP 的影响远大于常住人口变动，这一结果与全部样本城市模型估计结果相一致。

其次，笔者利用2011—2013年数据对所有样本城市以及四类分样本城市进行实证验证。除了常住人口数据来源于《中国区域经济统计年鉴》（2012—2014）之外，其余变量的数据来源均与上述分析来源相一致。表6-7报告了利用 AMOS 18.0 软件、采用极大似然估计方法对结构方程模型的估计结果，从模型估计结果的适配度指标来看，模型的渐进残差均方和平方根（RMSEA）、规准适配指数（NFI）以及比较适配指数（CFI）均处于合理范围，表明模型拟合较好。估计结果显示，土地收入每增长1标准单位，将会通过直接效应促使城区 GDP 增长0.296标准单位、通过间接效应促使城区 GDP 增长2.126标准单位。对于间接效应来说，土地收入通过常住人口变动对城区 GDP 的影响为1.954，通过产业集聚对城区 GDP 的影响为0.172。与2000—2010年模型估计结果相比，土地收入通过产业集聚对城区 GDP 的影响大于通过常住人口变动的影响。事实上，一方面，

2000—2010 年，中国城市公共服务设施水平发生了翻天覆地的变化（郑思齐等，2013），城市公共服务设施在吸引内、外资等方面产生的作用越来越小，一地区充足且高质量的劳动力、健全的法律体系等对吸引内、外资越来越重要（Gao et al.，2005；Li and Park，2006；You and Solomon，2015）。另一方面，受经济危机影响，尤其是随着中国经济进入新常态，中国工业企业活力不足，增长乏力，许多行业产能过剩严重。因此，产业集聚对城区 GDP 的影响小于常住人口变动的影响是合理的。综上所述，笔者认为，上述 SEM 模型的估计结果在不同样本量和时间段内都是稳健的。

表 6 - 8　　结构方程模型极大似然估计结果［Δ（2011—2013）］

传导路径	全部城市	人均 GDP 9 万元以上城市	人均 GDP 4 万—9 万元城市	人均 GDP 2 万—4 万元城市	人均 GDP 2 万元以下城市
土地出让收入→交通设施	0.316 **	0.285 ***	0.351 ***	0.398 **	0.374 *
土地融资收入→交通设施	0.347 ***	0.219 **	0.325 ***	0.366 *	0.385 ***
土地出让收入→市政设施	0.305 **	0.302 ***	0.337 **	0.317 ***	0.312 **
土地融资收入→市政设施	0.328 ***	0.274 **	0.350 ***	0.377 **	0.350 ***
土地出让收入→生态设施	0.297 **	0.361 ***	0.346 **	0.309 **	0.326 **
土地融资收入→生态设施	0.311 ***	0.278 *	0.324 **	0.388 ***	0.356 ***
交通设施→产业集聚	0.032 ***	0.044 ***	0.032 ***	0.050 ***	0.214 ***
交通设施→常住人口增长	2.664 **	2.661 ***	2.803 **	2.720 ***	2.521 *
生态设施→产业集聚	0.236 ***	0.053 ***	0.349 ***	0.036 ***	0.202 ***
生态设施→常住人口增长	2.711 ***	2.982 ***	2.614 **	2.432 **	2.285 ***
市政设施→产业集聚	0.210 ***	0.071 ***	0.325 ***	0.411 ***	0.478 ***
市政设施→常住人口增长	2.836 ***	2.653 *	2.902 **	2.939 **	2.666 ***
桥梁座数→交通设施	0.311 ***	0.211 ***	0.376 ***	0.297 ***	0.120 ***
道路长度→交通设施	0.325 ***	0.365 ****	0.322 ***	0.369 ***	0.376 ***
绿地面积→生态设施	0.128 ***	0.345 ***	0.184 ***	0.511 ***	0.413 ***
绿化覆盖率→生态设施	0.208 ***	0.456 ***	0.259 ***	0.115 ***	0.605 ***
供排水管道长度→市政设施	0.244 ***	0.192 ***	0.273 ***	0.155 ***	0.276 ***

续表

传导路径	全部城市	人均 GDP 9 万元以上城市	人均 GDP 4 万—9 万元城市	人均 GDP 2 万—4 万元城市	人均 GDP 2 万元以下城市
供气管道长度→市政设施	0.535 ***	0.560 ***	0.401 ***	0.631 ***	0.413 ***
供热管道长度→市政设施	0.140 ***	0.320 ***	0.225 ***	0.178 ***	0.200 ***
生态设施→建成区 GDP	0.137 **	0.102 **	0.114 ***	0.192 **	0.275 *
市政设施→建成区 GDP	0.189 **	0.126 *	0.132 **	0.195 **	0.109 **
交通设施→建成区 GDP	0.141 ***	0.160 ***	0.182 **	0.124 ***	0.141 ***
产业集聚→建成区 GDP	0.579 ***	0.275 **	0.588 ***	0.426 **	0.432 **
常住人口增长→建成区 GDP	0.375 **	0.409 ***	0.319 *	0.323 ***	0.365 **
χ^2	157.323	175.507	179.805	177.886	175.831
df	56	56	56	56	56
RMSEA	0.019	0.043	0.033	0.049	0.034
CFI	0.931	0.906	0.904	0.941	0.979
NFI	0.945	0.920	0.918	0.921	0.924

注：***、** 和 * 分别表示在 1%、5% 和 10% 水平上显著。

第五节　本章小结

20 世纪 90 年代以来，随着一系列改革政策的深入推进（尤其是分税制改革），地方政府在以 GDP 为目标的政绩考核机制下，受事权和财权不均衡所造成的巨大财政压力，不得不凭借对城市建设用地的垄断权力而积极开发和经营土地。与此同时，随着住房制度改革的推进，住房和土地价格迅速上涨，地方政府在土地开发中获得了大量的土地财政收入，地方政府土地收入的大部分用于城市公共服务设施，显著推动了辖区经济增长。尽管学者们已对土地开发、公共服务设施以及城市经济增长间的两两相互关系进行了大量探讨，但鲜有研究探讨土地开发对城市经济增长的作用机制和传导路径，也没有分析土地收入对城市经济增长的直接和间接影响。基于此，利用 258 个城市数据，通过构建结构方程模型（SEM），笔者对土地资本化背景下，土地开发对城市经济增长的作用机制和传导路径，尤其是对土地收入的直接和间接影响进行了实证分析，研究结果发现，土地收入极大地推动了城市经济增长，2000—2010年，土地出让收入每增长 1 个标准单位，城区 GDP 将增长 3.090 标准单位，其中土地收入通过城市公共服务设施的直接影响为 0.352标准单位，间接影响为 2.738，通过产业集聚和常住人口变动的间接效应远大于直接效应，且在间接效应中，产业集聚的影响大于常住人口变动的影响。然而 2011—2013 年，常住人口变动的影响却大于产业集聚的影响。不同城市类型土地收入对城区 GDP 的直接、间接以及总影响的大小不同。

本章结果有较深刻的政策含义。首先，在短期内，地方政府"土地开发—土地收入—城市公共服务设施—城市经济增长"的发展模式显著推动了城市经济增长。这一模式的可持续运行取决于地方政府能否长期持续获得巨大的土地收入。然而，近期受经济危机等影响，中国的土地收入经历了较大幅度的波动，同时《国家新型城镇化规划（2014—2020）》明确指出"十三五"期间国家严格限制城市建设用地的供给。因此，地方政府如何通过土地收入确保城市公共服务设施建设投资顺利运行，探索新型的城市公共服务设施投融资模式将是其面临的重要挑战。政府和社会资本合作（PPP）模式或许是中国地方政府解决这一问题的重要方式。事实上，2012年以来 PPP 模式得到中国各级政府的大力推崇，截至 2016 年上半年，全国拟采用 PPP 模式的储备项目达 9285 个，总投资额预计超过 10.6 万亿元，其中已落地项目的投资额超过 1 万亿元。其次，对于地方政府来说，应积极推动土地开发、产业集聚和人口集聚协调发展。然而，有些地方政府在现有以 GDP 为目标的政绩考核机制下，为了追求 GDP 的高速增长，地方政府土地开发规模过快，快速推进土地城镇化而忽视产业和人口的增长，将会给辖区带来一些严重的问题，如"鬼城"等现象。因此，在经济快速增长的同时，如何保持土地开发、产业和人口协调可持续发展成为地方政府面临的重大课题。如何制定科学合理的城市总体发展规划并严格地执行或许是解决这一问题的重要途径。

从土地资本化的背景下，利用结构方程模型，笔者对土地收入对城市经济增长影响的作用机制和传导路径进行了实证研究。但是正如郑思齐等（2014）所指出的，土地开发、土地收入以及城市经济增长之间关系较为复杂，土地收入与城市经济增长之间或许存在自我强化机制和循环累积作用。因此，在本章的基础上尝试探讨土地收入与城市经济增长间的自我强化机制以及分析土地开发、土地收入以及城市经济增长间的循环累积效应也将具有重要的理论和实践意义。

第七章 土地开发过程中征地拆迁补偿对家庭消费行为的影响

第一节 研究背景

中国经济发展在取得举世瞩目的成就的同时，也产生了严重的区域和城乡经济差异问题①（李实等，2007；周云波，2009；孙久文，2014）。已有研究主要从外商直接投资（魏后凯，2002）、区域政策及发展战略（林毅夫等，2003）、聚集经济（陈良文等，2007）等视角分析中国区域经济差异问题；从"发展战略"和"利益集团"角度提出"城市偏向"假说以解释城乡差距变动的原因（蔡昉等，2000；陆铭等，2004；陈斌开等，2013）。但与其他经济体高速工业化、城镇化阶段特征相比，土地在中国 20 世纪 90 年代中期开始的这一轮经济发展中扮演着非常重要的角色。随着城镇化快速推进，中国城市建成区面积从 2000 年的 22439 平方公里增加到 2015 年的 52102 平方公里，年均增长 5.41%，远高于城镇人口年均增长速度（3.30%）。土地开发是城镇化进程的自然表现和必由之路，但近年

---

① 1978—2014 年，中国 GDP 最高省份与最低省份的绝对差距上升了 200 多倍，扣除价格因素影响后的相对差距也上升了几十倍；1985—2014 年，中国城乡居民收入的绝对差距上升了约 51 倍，相对差距也上升了约 10 倍，城乡收入比从 2.1 上升至 2.9，上涨幅度约达 38%。

来"土地城镇化"快于人口城镇化的问题也引起广泛的关注。不可否认，地方政府经营土地的发展模式刺激了土地开发规模的扩张，推动了土地城镇化进程，极大推动了辖区经济发展，同时也对区域差异产生了一定的影响（蒋省三等，2007；刘守英等，2012）。

已有研究主要从宏观层面考察土地开发对经济增长差异的影响。一是从城市建设用地扩张的角度，讨论城市建设用地扩张与经济增长差异的关系（Ding et al.，2011；He et al.，2014）；二是从土地资产化收益尤其是土地财政的角度，讨论土地开发带来的地方财政收入对经济增长差异的影响（李冀等，2012；Fan et al.，2016）。鲜有研究从居民家庭的视角，分析土地开发过程中居民家庭所获得的征地拆迁补偿的微观经济效应。征地拆迁是土地开发的前提条件和重要保障，征地拆迁补偿是家庭资产由不动产向动产转换的过程，被征地拆迁家庭在征地拆迁过程中一次性获得数额不菲的补偿收入。行为消费理论认为，消费者往往是"有限理性的"，"有限理性"的消费者一次性较大收入通过改变其预算约束，能够促使消费也随之发生改变（方福前，2006），即被征地拆迁家庭在征地拆迁过程中一次性获得的数额不菲的补偿收入可能会影响家庭消费行为。

由于中国不同城市以及同一城市内部不同区域土地和住房价值存在显著差异（张娟锋，2010；武文杰等，2010），土地和住房价格的空间差异性促使征地拆迁补偿也具有明显的空间差异性。如果征地拆迁补偿与家庭消费水平呈正相关的关系，征地拆迁补偿的空间差异投影到空间上有可能会加剧家庭消费的空间差异。然而鲜有研究从微观视角探讨征地拆迁补偿对家庭消费行为的影响，尤其是较少研究征地拆迁补偿对居民家庭消费行为影响的空间差异。

据此，本章利用西南财经大学中国家庭金融调查数据（CHFS），从居民家庭的视角，对土地开发过程中居民家庭（被征地拆迁家庭）一次性获得的数额不菲的补偿收入对家庭消费行为的影响进行实证分析，着重揭示征地拆迁补偿对居民家庭消费行为影响的空间差异。

第二节　文献综述和分析框架

一　文献综述

（一）征地拆迁补偿对居民家庭消费的影响

征地拆迁是土地开发的前提条件和重要保障。根据清华大学中国经济社会数据中心的调查数据，承包地被征用过的家庭数占全国有承包地或曾经承包过土地家庭总数的比重高达 14%，宅基地被征用或处置过的家庭占全国有承包地或曾经承包过土地家庭总数的比重高达 4%，房屋被拆迁过的家庭占全部家庭的总数为 6.3%。2014 年，全国土地征用面积达到 389608 公顷，其中征收的农用地面积为 291955 公顷，占总征收土地面积的 74.94%。按照中国现有的征地拆迁补偿政策，被征地拆迁的家庭可以在限期内获得一次性货币安置，即一次性征地拆迁补偿收入（王顺祥，2010），征地拆迁补偿是家庭资产由房屋、土地等不动产向现金等动产转换的过程。2015 年，包含征地拆迁补偿的土地开发成本总额达到 26844.59 亿元，占土地成交总价款的 79.60%。史清华等（2011）对上海闵行区 7 村 2000 多户农民的调查发现，征地拆迁提高了农民收入。CHFS 数据显示，被拆迁家庭平均拥有住房套数以及住房价值均高于未拆迁家庭，这种现象在城市尤为显著，城市拆迁家庭总资产中位数为 54.7 万元，城市拆迁家庭净资产中位数为 48.3 万元，同时，城市拆迁家庭平均拥有住房套数以及其价值均高于未拆迁家庭。拆迁家庭平均拥有房产 1.26 套，房产均值为 30 万元；而未拆迁家庭平均拥有房产为 1.18 套，拥有房产均值仅为 11 万元，为拆迁家庭的 1/3 多（甘犁，2013）。

一般来说，主流消费理论演变历程经历了凯恩斯宏观消费函数到生命周期/持久收入消费函数理论及其扩展再到引入心理因素的行为消费理论的过程（方福前，2006）。从最新的行为消费理论来看，消费者往往是"有限理性的"，在"有限理性"下，消费者具有不完全的自我控制力，难以根据长期效用最大化来执行最优的消费决策，因此，当期可支配收入获得的消费对消费者诱惑最大（威尔金森，2012；方福前，2014）。同时，苏良军等（2005）、张邦科等（2011）分别对农村居民和城镇居民的消费行为实证研究发现，中国农村居民和城镇居民的暂时性收入对居民消费行为具有显著的正向影响。因此，笔者认为征地拆迁家庭一次性获得的数额不菲的补偿收入可能影响家庭消费行为。柴国俊（2014）通过描述性统计和平均处理效应法，分析了拆迁补偿对家庭消费支出的影响，发现拆迁补偿改善了家庭消费水平，但没有讨论征地拆迁补偿对家庭消费行为影响的空间差异，而且研究仅限于拆迁补偿，没有分析征地补偿对家庭消费行为的影响。

（二）土地价格的空间差异及其影响因素

土地内在价值是决定征地拆迁补偿多寡的基础，土地内在价值的差异决定了征地拆迁补偿的空间差异（王小映等，2006；陈莹等，2009）。由于土地价格与房地产价格之间存在相互影响（严金海，2006；邵新建等，2012），征地拆迁补偿的空间差异既体现了土地价格的空间差异，也反映了房地产价格的空间差异。土地价值的空间差异包括两个方面，一是城市内部不同区位的土地价格差异，二是不同城市间土地价格的空间差异。关于城市内部不同区位土地价格差异的研究，20 世纪 60 年代阿兰索（Alonso，1964）等提出了竞标地租模型，阐述了单中心城市的地租竞价曲线和土地利用空间均衡的决定方式，指出城市地价随着到市中心的距离增加而降低，并受到土地需求和交通成本的影响。尽管之后随着研究发展，出现了城市多中心模型（Small and Song，1994），但城市主中心的主导作用仍是较强的（Millen，1996）。土地价格随着距市中心距离增加而减少，区位差异形成级差地租的基本规律已成为城市经济学界的共同认识。关于不同城市间土地价格的空间差异，已有研究主要是围绕不同城市土地供需格局的差异及其影响因素展开的。目前，Muth（1971）的衍生需求模型、Manning（1988）的改进衍生需求模型和 Potepan（1996）的完整住宅市场分析模型是有代表性的土地价格差异决定因素理论模型。根据理论模型所进行的实证研究结果来看，学术界普遍认为，城市居民收入水平、城市经济发展水平、城市人口规模、城市宜居性（urban amenity）是影响城市间土地价格差异的主要因素。基于上述经典理论模型，王真等（2009）和武文杰等（2011）对中国单一城市内部的土地价格差异进行了研究，发现城市土地价格存在明显的空间差异，到城市中心的距离正是形成地价空间差异的主要原因。沈昊婧等（2014）对中国城市间土地价格差异进行了研究，发现不同地区的经济发展水平是形成城市间土地价格差异的主要因素。

综上所述，尽管从居民财富的角度来看，征地拆迁补偿仅仅是家庭财富持有形式发生了改变，促使家庭资产从不动产向动产转变，其并不能衡量居民从征地拆迁过程中所获得的收益。但是应该看到，被征地拆迁家庭面对一次性数额不菲的补偿收入往往是"有限理性的"，"有限理性"家庭预算约束的改变将改变家庭消费行为。因此，被征地拆迁家庭一次性获得的数额不菲的补偿收入可能会影响家庭消费行为。同时，由于征地拆迁补偿的金额取决于土地及住房的价值，土地及住房价值在城市内部不同区位之间和不同的城市之间存在着空间差异，因此，如果征地拆迁补偿对居民消费行为存在影响，那么这种影响将存在空间差异，这种差异会带来不同城市之间以及城市内部不同区位之间居民消费的空间差异，进而影响到区域经济增长的空间差异。

然而，迄今为止鲜有研究从居民家庭的视角，分析土地开发过程中居民家庭所获得的征地拆迁补偿对家庭消费的影响，尤其是尚未有文献探讨征地拆迁补偿对居民消费行为的影响的空间差异。尽管柴国俊（2014）曾分析了拆迁对家庭消费支出的影响，但没有考虑土地及住房价值的空间差异，探讨征地拆迁补偿的空间差异对居民家庭消费空间差异的影响，而且研究仅限于拆迁补偿，没有分析征地补偿对家庭消费行为的影响。基于此，本章拟将消费者"有限理性"和土地价值的空间差异这两个视角结合起来，在征地拆迁补偿对家庭消费支出影响的基础上，着重分析征地拆迁补偿对家庭消费行为影响的空间差异性。

二 分析框架

基于前述文献分析，本章提出以下假设。

假设1：征地拆迁补偿能够显著改变家庭消费行为。

已有研究及 CHFS 调查数据显示，征地拆迁补偿短期内提升了家庭资产水平。而关于财富效应的研究发现，家庭资产水平的提升能够改变家庭消费行为。因此，笔者认为，征地拆迁补偿能够显著改变家庭消费行为。

假设2：征地拆迁补偿的空间差异促使家庭消费具有明显的空间差异性。

假设2a：城区家庭征地拆迁对消费的影响要大于城市郊区；

假设2b：高房价地区征地拆迁对家庭消费的影响要大于低房价地区。

表7-1和表7-2显示了中国土地和住房价格具有明显的区域差异性，城区土地价格明显高于城市郊区（宋佳楠等，2011），土地和住房价格的空间差异使得征地拆迁补偿也具有明显的空间差异。城区家庭征地拆迁平均补偿金额为 34.13 万元，明显高于城市郊区以及远郊区；高房价地区（平均房价高于 7000 元）家庭征地拆迁补偿平均金额为 38.23 万元，明显高于房价低于 7000 元地区征地拆迁家庭。由于高资产家庭的消费水平明显高于低资产家庭（李涛等，2014），征地拆迁补偿的空间差异使得其对居民家庭消费行为的影响也将存在空间差异。城区家庭征地拆迁补偿对家庭消费的影响要大于城市郊区，高房价地区征地拆迁的补偿对家庭消费的影响要大于低房价地区。

表 7-1　　　2015 年不同区域不同土地利用类型土地价格情况　　（单位：元）

地区	综合用地	商服用地	住宅用地	工业用地
东北地区	2481	4848	2873	571
华东地区	9383	19550	13544	1319
华北地区	4874	5397	8056	1140
西北地区	1939	3436	2383	649
西南地区	4226	10085	5378	614
中南地区	5686	13167	9320	1147

资料来源：中国城市地价动态监测网（http：//www. landvalue. com. cn/L_ LandPrice-Monitor. aspx？Menu_ ID=2&PID=1&ColumnID=0）。

表 7-2　　　　2015 年不同地区商品房销售价格情况　　（单位：元）

地区	商品房价格	地区	商品房价格	地区	商品房价格	地区	商品房价格
北京	22633	上海	20949	湖北	5863	云南	5300
天津	10107	江苏	7356	湖南	4304	西藏	4111
河北	5759	浙江	10525	广东	9796	陕西	5362
山西	4870	安徽	5457	广西	4960	甘肃	4913
内蒙古	4441	福建	8881	海南	9339	青海	5242
辽宁	5758	江西	5358	重庆	5486	宁夏	4413
吉林	5476	山东	5550	四川	5475	新疆	4653
黑龙江	5144	河南	4611	贵州	4415		

资料来源：《中国统计年鉴（2016）》。

　　假设 3：征地拆迁补偿对家庭不同消费行为（耐用消费品和非耐用消费品）的影响具有空间差异性，不同区域征地拆迁补偿对家庭不同消费行为的影响不同。

　　假设 3a：征地拆迁补偿对家庭耐用消费品影响的空间差异性较为显著；

　　假设 3b：征地拆迁补偿对家庭非耐用消费品影响的空间差异性存在不确定性。

　　已有研究发现，耐用消费品支出类似于投资的特性，居民家庭短暂的收入增加更多的是影响耐用消费品的支出。瓦尔登（Walden，2013）指出，投资的特性与汽车、电器等耐用品的消费属性相类似，居民家庭短暂的资本收益更多的是影响耐用品的消费。博斯蒂克（Bostic et al.，2009）认为，人们往往将耐用消费品视为固定资产的更新和替换，当家庭资产（股票等）显著波动时，消费者可能会通过增加耐用消费品来优化家庭的资产组合。尹志超等（2009）发现，住房改革带来的房地产资产增值对家庭电视机、洗衣机、冰箱、空调等重要家庭耐用品的消费具有非常显著的正向影响。同时，由于土地和住房价格的空间差异导致征地拆迁补偿也具有空间差异性，征地拆迁补偿的空间差异促使居民家庭消费具有明显的空间差异性。因此，征地拆迁补偿对家庭不同消费行为（耐用消费品和非耐用消费品）的影响具有空间差异性，不同区域征地拆迁家庭对不同消费行为的影响不同。

第三节　研究设计及描述性统计分析

一　模型构建与说明

参照李涛等（2014）等的研究，本章首先将家庭总收入、社保账户余额、家庭储蓄水平、住房资产、家庭规模、户主受教育水平和户主年龄等变量引入模型，构建了影响家庭消费水平的基准实证模型（7-1）。为了考察征地拆迁补偿对家庭消费的影响，笔者将征地拆迁补偿变量引入模型，得到基准模型（7-2）。

$$\ln C_i = \chi 1 \ln X_i + \varepsilon 1 \qquad (7-1)$$

$$\ln C_i = \chi 1 \ln CP_i + \chi 2 \ln X_i + \varepsilon 1 \qquad (7-2)$$

其中，$\ln C_i$ 为 i 家庭不同消费行为的对数，包括家庭总消费、非耐用消费品和耐用消费品支出水平对数，$\ln X_i$ 为影响家庭消费的控制变量的对数，包括家庭总收入（Inc_i）、社保账户余额（Ins_i）、家庭储蓄水平（Sav_i）、住房资产（Cap_i）、家庭规模（Sca_i）、户主受教育水平（Edu_i）和户主年龄（Age_i）等的对数。

为了考察城乡以及不同房价区域征地拆迁家庭对家庭消费的不同影响，笔者将分别代表距城市不同距离以及按照不同房价水平分类的区域虚拟变量分别纳入模型，得到扩展模型（7-3）—（7-4）。

$$\ln C_i = \delta_1 \ln CP_i + \delta_2 D_i + \delta_3 \ln CP_i * D_i + \delta_4 \ln X_i + \varepsilon_1 \qquad (7-3)$$

$$\ln C_i = \lambda_1 \ln CP_i + \lambda_2 H_i + \lambda_3 \ln CP_i * H_i + \lambda_4 \ln X_i + \varepsilon_1 \qquad (7-4)$$

其中，$\ln C_i$ 所包含指标与模型（7-1）一致；$\ln CP_i$ 为征地拆迁补偿额；D_i 为反映距城市空间距离的虚拟变量，包括城区、城市郊区以及距城市 10 公里以上三类家庭；H_i 为按照不同地区住房价格水平分类的虚拟变量，包括住房价格 4000 元以下、住房价格 4000—7000 元以及住房价格 7000 元以上三类地区；X_i 为控制变量，指标选取与基准模型（7-1）、模型（7-2）一致。

二　数据来源及整理分析

中国人民银行同西南财经大学合作发起的专门针对中国家庭金融领域、全面系统的入户追踪调查——中国家庭金融调查（CHFS），包含了家庭微观层次的住房资产和金融财富、负债和信贷约束、收入、消费、社会保障与保险、人口特征等相关信息。CHFS 调查于 2011 年首次完成，样本分布涵盖全国 25 个省（自治区、直辖市），80 个县（区、市），320 个村（居）委会，共 8400 多个家庭。在涉及家庭征地拆迁方面，CHFS 数据包含对家庭是否经历征地拆迁、征地拆迁面积、补偿方式、补偿金额等方面，可以满足本章研究所需。CHFS 数据显示，在全部 8439 份样本家庭中有 1263 户家庭经历过征地拆迁，占全部家庭的 14.97%。在数据的整理过程中，笔者除了剔除了异常值和数据不全的严重缺失值以外，也将家庭收入最低的 5% 家庭予以排除①，最后共计得到 1143 个征

---

① 由于这部分低收入家庭收入来源仅限于补助收入，不具有广泛代表性。

地拆迁家庭样本（见表 7 - 3）。

表 7 - 3　　　　　　　　征地拆迁家庭户数及占比

	家庭户数（户）	占总家庭户数的比例（%）
经历过征地拆迁	1263	14.97
未经历	7176	85.03
家庭总户数	8439	100

三　变量设定及描述性统计分析

在变量数据整理上，笔者利用 CHFS 调查数据中的相关项目测算出家庭总消费、总收入等各种数据；在耐用消费品和非耐用消费品划分上，参照张大永等（2012）的做法，将按月支出的伙食费、水电等费用、日常用品支出、通信费和文化娱乐支出等界定为非耐用消费品支出，将按年支出的住房修扩支出、家电等支出、奢侈品支出、家用交通工具支出等归结为耐用消费品支出；征地拆迁补偿包括货币补偿以及部分实物补偿估值之和①。

考虑到家庭消费还受其他因素的影响，根据经典消费理论及参考黄静等（2009）、李涛等（2014）等研究，笔者选取家庭总收入（$Inci$）、社保账户余额（$Insi$）、家庭储蓄水平（$Savi$）、住房资产（$Capi$）、家庭规模（$Scai$）、户主受教育水平（$Edui$）和户主年龄（$Agei$）等变量为控制变量。其中：家庭收入变量（$Inci$），用工资性收入、转移性收入和其他收入之和来表示；社保账户余额变量（$Insi$），用家庭养老、医疗、失业保险、企业年金等账户余额之和来表示；家庭储蓄变量（$Savi$），用家庭活期存款与定期存款之和来表示；住房资产变量（$Capi$），房地产资产是家庭最重要的资产，CHFS 调查数据显示，2015 年中国家庭总资产中，房地产资产占比高

---

① 有些家庭的征地拆迁补偿也包括小麦、玉米等实物补偿，笔者将这部分实物补偿的估值也算作征地拆迁补偿。

达 69.2%，但考虑到家庭自有住房套数对家庭消费影响的不同，因此，笔者将家庭自有住房套数（没有住房、1 套住房与 2 套及以上住房）和住房资产相乘，用以反映家庭不同住房套数情况下，住房资产对家庭消费的影响；家庭规模变量（*Scai*），用家庭成员个数表示；户主受教育水平（*Edui*），将不同的教育水平赋予不同的值，1—9 分别表示没上过学、小学、初中、高中、中专/职高、大专/高职、大学本科、硕士研究生、博士研究生等；户主年龄（*Agei*），考虑到不同年龄段，消费水平和消费结构的不同，参考张大永等（2012）的研究，将户主年龄分为 20—35 岁、35—50 岁以及 51 岁以上三个年龄段。

在各类虚拟变量的划分标准及界定上，以 2011 年中国 283 个城市建成区面积约为 118 平方公里①为基准，参照全国多城市公交车平均时速 10—15 公里/时，将乘公交车抵达城市中心 20 分钟以下、20—50 分钟、50 分钟以上分别划定为城区、城市郊区和距城市 10 公里以上三类②。以 2011 年各省（区、市）住宅价格为基准，根据样本分布情况，将全部样本分为房价 4000 元以下、4000—7000 元以及 7000 元以上三类区域。表 7-4 的不同区域征地拆迁家庭与未征地拆迁家庭平均消费支出对比显示，征地拆迁补偿具有明显的空间差异，且无论是同一区域内部还是不同区域间家庭消费水平均存在明显的差异。另外，也可以看出城区家庭消费支出明显高于城市郊区，高房价地区家庭消费支出也高于房价较低地区。同时，我们也可以看出征地拆迁家庭消费支出水平明显高于未征地拆迁家庭，这一结果表明征地拆迁补偿能够改变家庭消费行为，与柴国俊（2014）的研究结果相一致，同时也初步反映出征地拆迁补偿对不同区域家庭消费影响是不同的。相关变量设定及描述性统计见表 7-5。

---

① 北京、上海、天津、重庆四个直辖市除外。

② 北京、上海、天津三市划分标准为乘公交车抵达城市中心 50 分钟以下、50—100 分钟及 100 分钟以上。

表 7-4　　　　不同区域征地拆迁家庭和未征地拆迁家庭平均消费对比

区位划分	征地拆迁家庭			未征地拆迁家庭 *	
	平均补偿金额（元）	总消费支出（元）	样本数（户）	总消费支出（元）	样本数（户）
城区	342484	71023.94	347	65958.23	1596
城市郊区	198224	25546.88	360	21925.32	2441
距城市 10 公里以上	47583	13629.77	436	10619.17	2339
房价 4000 元以下地区	57827	22844.76	317	19482.61	1582
房价 4000—7000 元地区	81840	33891.24	397	27068.56	2447
房价 7000 元以上地区	382318	44494.51	429	36869.26	2348

注：* 全部样本数据扣除征地拆迁家庭样本后，在扣除异常值和数据不全的严重缺失值后，剩余 6377 个样本。

表 7-5　　　　　　　　变量设定及描述性统计

变量	平均值	标准差	样本数	变量含义
总消费	34807.31	64649.32	1143	耐用品消费和非耐用品消费支出之和
非耐用品消费	17147.97	29468.38	1143	按月支出的食品、服装、水电、日常用品、休闲娱乐等
耐用品消费	11733.79	49104.77	1143	按年支出的住房修扩、家电、奢侈品、家用交通工具等
总收入	36447.81	35766.19	1143	工资性收入、转移性收入和其他收入之和
征地拆迁补偿	184557.20	383416.50	1143	实物补偿和货币补偿之和
社保账户余额	3332.53	14538.62	1143	养老、医疗、失业保险、企业年金等账户余额
家庭储蓄	26308.19	74701.99	1143	家庭活期存款与定期存款之和
自住房套数	1.13	0.79	1143	
自住房资产	40.78	62.27	1143	自有住房估值

续表

变量	平均值	标准差	样本数	变量含义
家庭规模	3.23	2.51	1143	家庭成员人数
户主受教育水平	4.20	1.75	1143	
户主年龄	50.42	13.73	1143	1 为没上过学，2 为小学，3 为初中，4 为高中，5 为中专/职高，6 为大专/高职，7 为大学本科，8 为硕士研究生，9 为博士研究生

第四节　实证结果分析

一　基准模型估计结果

采用 OLS 方法，对模型（7-1）、模型（7-2）进行估计，估计结果见表 7-6。从模型（7-1）估计结果可以看出，家庭总收入、社保账户余额、家庭规模、户主受教育水平等对消费水平具有积极的正向影响，而家庭储蓄水平则对家庭消费具有负向影响，这一结果与大多数国内学者的研究相一致（黄静等，2009；张大永等，2012；李涛等，2014）；户主年龄对家庭消费的影响不显著，目前学者们对中国人口年龄结构特别是人口老龄化与消费水平的研究还存在争议（毛中根等，2013），李文星等（2008）利用 1989—2004 年的中国省际面板数据和动态面板 GMM 估计方法，研究发现，人口年龄结构变化并不是中国居民消费率过低的原因，本章这一结果也验证了李文星等的研究结果；同时，从住房套数与住家价值估计结果可以看出，与没有住房家庭相比，一套住房家庭和两套及以上住房家庭消费水平明显较高，这一结果也与尹志超等（2009）、李涛等（2014）的研究结果相一致，即拥有多套住房家庭消费弹性系数较大，其房地产财富效应也较大。

在模型（7-2）中加入是否经历征地拆迁虚拟变量后，通过其回归系数和显著性可以发现，在其他条件相同时，征地拆迁家庭的消费水平明显高于未经历征地拆迁家庭，表明与未经历征地拆迁家庭相比，征地拆迁能够提升家庭的消费水平，即居民家庭较大数额的一次性暂时收入的增加会显著影响人们的消费行为，能够提升家庭的消费水平，这一结果与柴国俊等（2014）研究结果相一致。笔者认为中国家庭尤其是征地拆迁家庭在面对一次性数额不菲的补偿收入时，其消费行为决策可能表现为"有限理性"，此时，消费者受"攀比心理"等周围人消费水平的影响较大，往往会产生"冲动消费""非理性消费"等行为，从而提升家庭消费水平。事实上，近年来，被征地拆迁家庭面对数额不菲的一次性补偿收入确实存在非理性消费现象，大量媒体对被征地拆迁家庭的"拆迁骤富"所进行的"超前消费""盲目消费"等进行了大量报道①。

为了验证征地拆迁对家庭不同消费行为（耐用消费品和非耐用消费品）的影响，笔者分别将非耐用消费品和耐用消费品支出加入模型，从表 7-7、表 7-8 估计结果可以看出，征地拆迁对家庭耐用品和非耐用消费品支出影响均显著。表明征地拆迁能够同时提升家庭耐用品和非耐用消费品支出水平。这一结果与柴国俊（2014）的结论相一致，也验证了假设 1。

二 拓展模型估计结果

将反映距城市中心距离的虚拟变量加入模型之后，通过模型（7-3）中对比城区、城市郊区与征地拆迁补偿的交叉项回归系数和显著性发现，城区经历征地拆迁家庭与城市郊区经历征地拆迁家庭均能够显著提升家庭总消费。但城区家庭与征地拆迁交互项的系数（0.0245）大于城市郊区家庭与征地拆迁交互项系数（0.0145），表

---

① 据相关媒体报道，有些地区家庭则因"拆迁骤富"后而"冲动消费"。（胡坤：《一夜暴富带来的迷惘"拆迁新贵"的人生》，《华夏时报》2014 年 9 月 13 日；王慧敏、冯益华：《拆迁后"一夜暴富"是福是祸?》，《人民日报》2012 年 7 月 15 日；焦述：《"拆发户"或豪赌炫富或低调藏富》，《党的生活》（河南）2015 年第 12 期）

明由于城区家庭征地拆迁补偿高于城市郊区家庭，导致其对家庭总消费的影响高于城市郊区家庭。这一结果验证了本文的假设2a，即城区家庭征地拆迁对消费的影响要大于城市郊区。

在模型（7-4）中，通过引入不同房价地区征地拆迁家庭与其所获补偿交互项，笔者发现，平均房价7000元以上地区的征地拆迁家庭比平均房价4000—7000元征地拆迁家庭对总消费的影响大，表明高房价地区的家庭在征地拆迁过程中获得的补偿收入较大，其对家庭总消费的影响高于低房价地区的征地拆迁家庭，这一结果验证了本章的假设2b，即房价较高的地区征地拆迁对家庭消费的影响要大于低房价地区家庭。综上，笔者认为征地拆迁补偿的空间差异促使家庭消费具有明显的空间差异性。

为了检验征地拆迁补偿对家庭不同消费行为（耐用消费品和非耐用消费品）影响的空间差异性，笔者分别将家庭耐用消费品和非耐用消费品支出纳入模型（7-1）—（7-2）。与家庭总消费模型所采用的估计方法一致，估计结果见表7-7和表7-8。表7-7和表7-8结果显示，征地拆迁补偿对家庭耐用消费品和非耐用消费品支出都具有积极的促进作用，但对二者的影响具有明显的空间差异性。对耐用消费品支出来说，城区和城市郊区经历征地拆迁家庭均能够显著提升家庭耐用消费品支出，且征地拆迁补偿对城区家庭耐用消费品支出的影响（0.0676）高于城市郊区家庭（0.0396），平均房价7000元以上地区的征地拆迁补偿对家庭耐用消费品支出的影响大于平均房价4000—7000元征地拆迁家庭。事实上，从各类媒体报道可知，被征地拆迁家庭在一次性获得数额不菲的补偿收入后，通常购买"豪车"、各种奢侈品等耐用品，因此，征地拆迁补偿对家庭耐用消费品的影响较大。而对于家庭非耐用消费品来说，不同区位征地拆迁补偿对其影响不同。城市郊区征地拆迁补偿能够改善家庭非耐用消费品支出，但城区家庭的征地拆迁补偿对家庭非耐用消费品支出的影响却不明显。原因可能是与城区家庭非耐用消费品相比，城市郊区家庭伙食

表 7-6 征地拆迁家庭补偿对家庭总消费回归结果

	模型 (7-1)	模型 (7-2)	模型 (7-3)	模型 (7-4)
家庭总收入	0.2195*** (0.0618)	0.2193*** (0.0611)	0.2121*** (0.0608)	0.2211*** (0.0568)
家庭储蓄水平	-0.0435** (0.0211)	-0.0427** (0.0212)	-0.0362* (0.0209)	-0.0396* (0.0205)
社保账户余额	0.0127* (0.0082)	0.0141* (0.0082)	0.0171* (0.0102)	0.0187* (0.0083)
家庭规模	0.7746*** (0.0898)	0.7746*** (0.0897)	0.7455*** (0.0909)	0.7786*** (0.0924)
户主受教育水平	1.0194*** (0.1254)	1.0134*** (0.1233)	0.9925*** (0.1268)	0.9898*** (0.1296)
户主年龄（20—35 岁）	-0.0958 (0.1054)	-0.1059 (0.1051)	-0.0781 (0.1140)	-0.0887 (0.1098)
户主年龄（36—50 岁）	-0.1317 (0.0844)	0.1298 (0.0835)	-0.1171 (0.0870)	-0.1386 (0.0877)
一套住房 * 住房价值	0.0673* (0.0381)	0.0440** (0.0189)	0.0279* (0.0108)	0.0686* (0.0396)
两套以上住房 * 住房价值	0.0899** (0.0422)	0.0644* (0.0337)	0.0474* (0.0234)	0.0871* (0.0444)
征地拆迁补偿		0.0262* (0.0083)	0.0342** (0.0101)	0.0432* (0.0210)
城区			0.3319** (0.1757)	
城市郊区			0.3051* (0.1536)	
城区 * 征地拆迁补偿			0.0245* (0.0077)	
城市郊区 * 征地拆迁补偿			0.0145* (0.0065)	
平均房价 4000—7000 元				0.2292** (0.0561)
平均房价 7000 元以上				0.3426** (0.0521)

续表

	模型（7-1）	模型（7-2）	模型（7-3）	模型（7-4）
平均房价4000—7000元*征地拆迁补偿				0.0128*（0.0054）
平均房价7000元以上*征地拆迁补偿				0.0222*（0.0078）
常数项	5.8025***（0.5550）	5.6125***（0.5432）	5.5943***（0.7379）	5.5868***（0.6438）
R^2	0.7699	0.7721	0.775	0.7753

注：***、**、*分别代表在1%、5%、10%的置信水平上显著，括号内为稳健的标准误。

表 7－7　　征地拆迁家庭补偿对家庭非耐用品消费回归结果

	模型（7－1）	模型（7－2）	模型（7－3）	模型（7－4）
家庭总收入	0.2737*** (0.0634)	0.2738*** (0.0635)	0.2648*** (0.0650)	0.2694*** (0.0626)
家庭储蓄水平	-0.0231* (0.0119)	-0.0235* (0.0120)	-0.0254* (0.0125)	-0.0179*** (0.0087)
社保账户余额	0.0113** (0.0036)	0.0104* (0.0020)	0.0105* (0.0020)	0.0137* (0.0025)
家庭成员个数	0.3644*** (0.1073)	0.3623*** (0.1085)	0.3689*** (0.1113)	0.3731*** (0.1054)
户主受教育水平	0.4771*** (0.1343)	0.4808*** (0.1347)	0.4471*** (0.1379)	0.4573*** (0.1398)
户主年龄（20—35 岁）	0.4041*** (0.1213)	0.4104*** (0.1220)	0.4237*** (0.1236)	0.4590*** (0.1234)
户主年龄（36—50 岁）	0.1726* (0.1023)	0.1714* (0.1021)	0.1848* (0.1048)	0.1810* (0.1011)
一套住房 * 住房价值	0.0549 (0.0381)	0.0692* (0.0333)	0.0664* (0.0411)	0.0844* (0.0512)
两套以上住房 * 住房价值	0.0813* (0.0436)	0.0971** (0.0495)	0.0951* (0.0504)	0.1127* (0.0573)
征地拆迁补偿		0.0162* (0.0102)	0.0172* (0.0104)	0.0142* (0.0096)
城区			0.1540 (0.0239)	
城市郊区			0.0861* (0.0558)	
城区 * 征地拆迁补偿			0.1091 (0.0530)	
城市郊区 * 征地拆迁补偿			0.0925* (0.0445)	
平均房价 4000—7000 元				0.0854** (0.0452)
平均房价 7000 元以上				1.0313* (0.0570)
平均房价 4000—7000 元 * 征地拆迁补偿				0.0721* (0.0394)
平均房价 7000 元以上 * 征地拆迁补偿				0.1490** (0.0761)
常数项	5.4670*** (0.5691)	5.5844*** (0.5828)	5.9757*** (0.6738)	5.9211*** (0.6236)
R²	0.5232	0.5244	0.5345	0.5453

注：***、**、* 分别代表在 1%、5%、10% 的置信水平上显著，括号内为稳健的标准误。

表 7-8　征地拆迁家庭补偿对家庭耐用品消费回归结果

	模型 (7-1)	模型 (7-2)	模型 (7-3)	模型 (7-4)
家庭总收入	0.1963* (0.0565)	0.1844* (0.0521)	0.2095* (0.0545)	0.2110** (0.0509)
家庭储蓄水平	-0.111* (0.0625)	-0.1147* (0.0614)	-0.1681** (0.0648)	-0.1273** (0.0604)
社保账户余额	0.0174* (0.0105)	0.0185* (0.0107)	0.0123* (0.0075)	0.0159* (0.0096)
家庭成员个数	1.1246*** (0.2460)	1.1268*** (0.2385)	0.9382*** (0.2356)	1.1078*** (0.2414)
户主受教育水平	1.3023*** (0.4541)	1.3080*** (0.4483)	1.1736*** (0.4341)	1.4454*** (0.4794)
户主年龄 (20—35 岁)	0.6534* (0.2685)	0.7723* (0.2649)	0.8862* (0.4802)	0.8343** (0.2813)
户主年龄 (36—50 岁)	0.4840* (0.2693)	0.4951* (0.2654)	0.4735* (0.2627)	0.5396** (0.2676)
一套住房 * 住房价值	0.1036 (0.0869)	0.1031 (0.0987)	0.1343* (0.1055)	0.0995 (0.1206)
两套以上住房 * 住房价值	0.2150** (0.0994)	0.2513* (0.1117)	0.2522* (0.1139)	0.2594* (0.0131)
征地拆迁补偿		0.0534*** (0.0242)	0.0653* (0.0234)	0.0367* (0.0117)
城区			0.0676* (0.0415)	
城市郊区			0.0396* (0.0153)	
城区 * 征地拆迁补偿			0.0717* (0.0378)	
城市郊区 * 征地拆迁补偿			0.0545* (0.0194)	
平均房价 4000—7000 元				0.0216** (0.0054)
平均房价 7000 元以上				0.0642** (0.0125)
平均房价 4000—7000 元 * 征地拆迁补偿				0.0182** (0.0111)
平均房价 7000 元以上 * 征地拆迁补偿				0.0341** (0.0176)
常数项	4.8183*** (1.4051)	4.8133*** (1.4074)	4.9468** (1.0285)	4.8422** (1.6160)
R^2	0.4036	0.4261	0.4730	0.4382

注:***、**、*分别代表在1%、5%、10%的置信水平上显著,括号内为稳健的标准误。

支出、日常用品支出和文化娱乐等非耐用消费品水平相对较低，非耐用消费品边际消费倾向较大，家庭在获得征地拆迁补偿后将会用于基本生活用品等非耐用消费品，改善家庭的基本生活质量。征地拆迁补偿对按照房价分区域的家庭非耐用消费品的影响与家庭耐用消费品影响相一致。这一结果验证了本章的假设 3，即征地拆迁补偿对家庭不同消费行为（耐用消费品和非耐用消费品）的影响具有空间差异性，不同区域征地拆迁补偿对家庭不同消费行为的影响不同。

第五节　本章小结

征地拆迁补偿是家庭资产由不动产向动产转换的过程，被征地拆迁家庭在征地拆迁过程中一次性获得数额不菲的补偿收入。本章基于行为消费理论的"有限理性"假设，利用微观调查数据，从居民家庭的视角，对土地开发过程中居民家庭所获得的征地拆迁补偿对居民家庭消费行为的影响进行了实证分析，重点揭示了居民家庭所获得的征地拆迁补偿对家庭消费行为影响的空间差异。本章的主要发现有以下几点：（1）被征地拆迁家庭所获得的一次性数额不菲的补偿收入提升了家庭消费水平，对耐用消费品和非耐用消费品支出均具有积极的正向促进作用。（2）征地拆迁补偿的空间差异使得居民家庭消费的变化也存在明显的空间差异。在城区经历征地拆迁的家庭获得的征地拆迁补偿金额较高，提升家庭消费水平的幅度大于城市郊区；房价较高地区的征地拆迁补偿较高，提升家庭消费水平的幅度也大于低房价地区。（3）征地拆迁补偿对家庭耐用消费品和非耐用消费品的影响存在空间差异性，城区以及经济发达地区城市和高房价城市的征地拆迁补偿对耐用消费品支出的影响更加显著，但不同区域征地拆迁补偿对家庭非耐用消费品支出影响不同。

本章的研究结果具有深刻的理论和实践意义。首先，本章在对土地开发过程中征地拆迁补偿的微观经济效应进行详细分析的同时，能够拓展城乡和区域差异形成原因的研究范畴，对解释中国城乡和区域差异提供一个新的稳健的微观证据。其次，征地拆迁补偿促使家庭资产由不动产向动产转变过程中，被征地拆迁家庭面对一次性数额不菲的补偿收入往往是"有限理性的"，在"有限理性"下，随着家庭预算约束的改变家庭消费行为也随之发生了改变。为了避免有些家庭因"拆迁骤富"后"冲动消费"和"盲目消费"，政府应引导征地拆迁家庭树立健康合理的消费观念，帮助他们建立科学的理财规划，多渠道采取措施引导征地拆迁家庭将所获得的补偿转化为投资，增强家庭后续生计能力。最后，土地开发过程中征地拆迁补偿对家庭消费影响存在着空间差异，这种差异对于区域经济差异会起到推波助澜的作用。经济发达地区的居民获得的征地拆迁补偿更多，对提升居民消费水平的影响更大，对居民消费水平的区域差异有着直接的影响。政府需要清醒地认识到土地城镇化模式对区域及城乡经济差异带来的影响。

由于数据限制，本章没有探讨征地拆迁补偿对家庭短期和长期消费行为的影响，也没有探讨征地拆迁家庭异质性（拆迁后一套房、两套房、租房等）对居民家庭消费的影响。同时，由于征地拆迁收入并不能衡量居民从征地拆迁中所获得的收益，只有征地拆迁补偿收入大于所征地和拆迁房屋的市场价值，才形成额外的收益，讨论这一部分收益如何影响居民消费行为，也许会更有意义。希望在后续的研究中，随着调查数据的完善，能够就上述问题进行更深入的探讨。

第八章 "以地谋发展"模式对城市经济发展带来的不利影响

上述研究结论可以看出，过去 10 多年来，在土地资本化背景下，中国"以地谋发展"模式极大推动了城市经济增长，地方政府和居民家庭的土地资本化收入对城市经济增长产生了积极的正向影响。应该看到，土地资本化背景下，尽管中国"以地谋发展"模式取得了较大的成就，但是也产生了一些问题。

第一节 "人—地—业"联动发展失衡，欠发达地区中小城市发展动力明显不足

地方政府在"以地谋发展"模式下，伴随着城市建成区规模的迅速扩张，城市 GDP 规模也不断增长，但中国土地城镇化率明显快于人口城镇化率，部分城市对人口和产业吸引能力并未提升，某些中小城市人口甚至出现了负增长。2000—2017 年，中国城市建成区面积从 22439 平方公里增至 56225 平方公里，年均增长 5.55%，远高于同期城镇人口年均增长速度（3.42%）。而 2013 年与 2000 年相比，中国小城市城区常住人口减少了 3.62%。

在中国建成区面积迅速扩张的背后，新城新区建设速度不断加快。《2016 年中国新城新区发展报告》数据显示，截至 2016 年 7 月，县及县以上的新城新区数量总共超过 3500 个。其中国家级新

区 18 个。国家级经济技术开发区 219 个,国家级高新技术产业开发区 145 个,还有 150 多个各类综保区、边境经济合作区、出口加工区,旅游度假区,等等。各类省级产业园区 1600 多个;较大规模的市产业园 1000 个;县以下的各类产业园上万计。地方官员晋升对城市发展水平的考核以及地方政府对土地财政的支配权力是新城新区建设的主导因素。这导致了规模过大、生活配套不完整、地方债规模日益增大等问题,部分新城对人口和产业吸引能力较弱,发展成为"鬼城""睡城""死城"等。同时,中国粗放式的土地城镇化模式促进了低效率的土地资源配置方式,加剧了土地供给与城镇建设需求之间的矛盾,对城镇化过程中的资金投入、产业发展、居民生活等多方面也产生了较大负面影响,为城镇化可持续发展带来诸多"后遗症"。

第二节 地方政府对土地收入的依赖越来越严重, 潜在债务和金融分析不断加大

据测算,2000—2014 年,地方政府土地财政收入总计达到 37.23 万亿元(见附录 1),土地出让收入占比最大,地方政府土地出让收入从 2000 年的 596 亿元,增长到 2015 年的 3.37 万亿元左右,年均增长 20% 以上。2000—2015 年,地方政府所获得的土地出让收入占财政收入的比重高达 50.54%,地方政府"吃饭靠财政、建设靠土地"的格局形成并不断强化,土地出让收入已成为地方政府最重要的预算外收入,成为弥补地方政府财政收支缺口的重要源泉(见图 8 - 1)。

2013 年国家审计署公布的《36 个地方政府本级政府性债务审计结果》显示,截至 2012 年底,在抽样审计的 36 个地方政府本级中,4 个省本级、17 个省会城市本级承诺以土地出让收入为偿债来源的债务余额 7746.97 亿元,占 36 个地方政府需偿还责任债务余额的

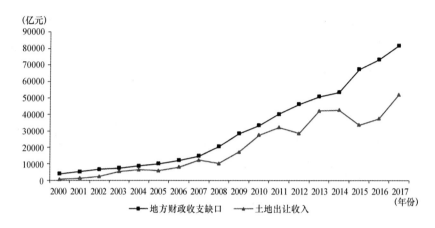

图 8 - 1　2000—2017 年地方财政收支缺口与土地出让收入变动情况

54.64%，比 2010 年增长 1183.97 亿元。同时，2012 年，36 个地方政府以土地出让收入为偿债来源的债务需偿还本息 2315.73 亿元，而上述地区当年可支配土地出让收入仅 2035.83 亿元，以土地出让收入为偿债来源的债务是当年可支配土地出让收入的 1.25 倍。

《中国经济周刊》与中国经济研究院联合研究并发布的《我国 23 个省份"土地财政依赖度"排名报告》显示①，从"承诺以土地出让收入偿还债务总额"的绝对值，即此类债务总额来看，排名依次为北京、浙江、上海、四川、辽宁、湖北、广东、重庆、山东、天津、福建、江西、湖南、安徽、河北、广西、黑龙江、陕西、吉林、海南、山西、甘肃，江苏未公布数据。从土地财政依赖度，即"土地偿债在政府负有偿还责任债务中占比"来看，排名依次为浙江、天津、福建、海南、重庆、北京（估算）、江西、上海、湖北、四川、辽宁、广西、山东、江苏、安徽、黑龙江、湖南、广东、陕西、吉林、甘肃、河北、山西（见表 8 - 1）。

---

① 本报告数据来源于 2014 年 1 月 23 日起各省（区、市）审计厅（局）陆续公布的政府性债务审计结果。

表 8 - 1 截至 2012 年我国 23 个省份土地财政依赖度排名

省份	承诺以土地出让金收入为偿债来源的各级政府	土地偿债规模（亿元）	土地偿债规模排名	土地偿债在政府负责偿还责任债务中比重	占比排名
浙江	省市县政府	2739.44	2	66.27%	1
天津	市政府	1401.85	10	64.56%	2
福建	省级、8个市级、67个县级政府	1065.09	10	57.13%	3
海南	省级、2个市级、12个县区级政府	519.54	20	56.74%	4
重庆	市本级及36个县区政府	1659.81	11	50.89%	5
北京	市本级、14个县区政府	3601.27	1	50%—60%	6
江西	11个市级、90个县级政府	1022.06	12	46.72%	7
上海	市级和6个区县政府	2222.65	3	44.06%	8
湖北	13个市级、72个县级政府	1762.17	6	42.99%	9
四川	18个市级、111个县级政府	2125.65	4	40.00%	10
辽宁	13个市级、49个县级政府	1983.20	5	38.91%	11
广西	区、市、县政府	739.40	16	38.09%	12
山东	14个市级、81个县级政府	1437.34	9	37.84%	13
江苏	13个市级、73个县级政府	—	—	37.48%	13
安徽	16个市级、78个县级政府	901.99	14	36.21%	15
黑龙江	8个市级、13个县级政府	652.88	17	36.10%	16

续表

省份	承诺以土地出让金收入为偿债来源的各级政府	土地偿债规模（亿元）	土地偿债规模排名	土地偿债在政府负责偿还责任债务中比重	占比排名
湖南	14 个市级、96 个县级政府	942.42	13	30.87%	17
广东	19 个市级、63 个县级政府	1670.95	7	26.99%	18
陕西	10 个市级、32 个县级政府	631.86	18	26.73%	19
吉林	6 个市级、18 个县级政府	586.16	19	22.99%	20
甘肃	10 个市级、28 个县级政府	206.54	22	22.40%	21
河北	11 个市级、59 个县级政府	795.52	15	22.13%	22
山西	6 个市级、10 个县级政府	268.94	21	20.67%	23

第三节 土地增值收益分配不合理，
引发社会矛盾和风险

土地财政是以政府为主体、围绕土地所进行的财政收支活动，实质上是对各相关主体利益分配关系的一种调整。土地既是农业、工业发展的基础，也是居民消费（农民宅基地、市民房地产）的依存条件。各级政府、企业、居民（农民、市民）等各方利益相关者，都通过土地要素的配置紧密地联系在一起。因而，土地要素的配置和再配置过程，既是资本化实现和深化的过程，也是利益关系、社会结构的调整和演化过程。任何一个环节的利益冲突，如果协调处理不好，就有可能演变为社会性矛盾和冲突。

目前土地收益分配存在的主要问题[1]：一是土地税制调节财富分配能力弱，妨碍了社会公平的实现。目前，中国对土地保有环节只象征性地定额征收土地使用税；房产税的征税范围也比较窄，对住宅没有征税；调节土地级差收入的土地增值税实际征管不到位，土地增值收益主要被少数人群获取。这带来了许多负面影响：土地与房产投机一度十分严重，房地产泡沫盛行。"种菜的不如卖菜的"，土地与房产大量囤积，房地产价格远超出实际购买能力；土地"涨价归公"原则难以落实，大量本该收归公有的土地收益被少数人截取，引起社会分配不公。二是征地成本补偿不充分，失地农民的社会保障缺位。一直以来，征地拆迁是中国特别容易诱发社会矛盾的重要触点，其会引发诸多的影响社会稳定的问题，由征地拆迁安置所引发的社会矛盾也一直受各级政府和社会各界的关注。一方面，补偿标准不能满足被征地拆迁家庭的要求，被征地拆迁群众行为表现激烈，会导致个人自残、自杀、自焚等极端行为出现。同时，冲击党政机关、堵塞道路交

---

[1] 《中国土地财政研究》课题组：《解决中国土地财政问题的制度设计与政策建议》，中国改革论坛，2014 年 8 月 7 日。

通、阻挠工程建设等群体性事件不断出现（郑卫平等，2011）。刘守英（2014）通过对 2003 年以来国内媒体公开报道的 127 个征地上访和群众性事件的分析发现，征地引发的群体性事件呈加重和易发、多发态势。在 127 个被报道的事件中，2007 年以后明显增加，2010 年频繁发生，达到 45 件。2010 年和 2011 年两年发生的征地群体性事件就占到 2003—2011 年被报道事件的 62%（见图 8 - 2）。从农民采取的维权方式来看，有 72 起是极端方式。其中 39 起采取围攻政府或武力对抗，18 起采取静坐示威，14 起采取围堵道路，11 起采取自焚自杀等最极端、最无助的方式（见图 8 - 3）。

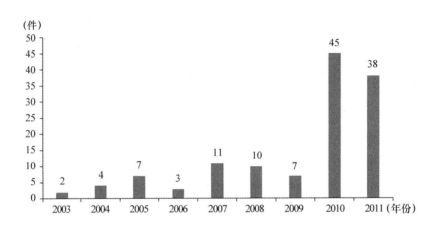

图 8 - 2　2003—2011 年以来媒体报道的征地冲突案件情况

资料来源：刘守英：《直面中国土地问题》，中国发展出版社 2014 年版。

另一方面，补偿过高所导致被征地拆迁家庭"一夜暴富"同样会引发较大的问题。由于部分被征地拆迁家庭缺乏合理支配资金的规划，互相攀比炫富，大肆挥霍征地补偿，盲目消费，巨额财富缩水严重，快速透支生活保障，陷入"二次返贫"的窘境。2013 年，《现代快报》报道，南京某基层检察院的检察官曾在所在区做过调研，赌博和吸毒在拆迁人员犯罪中，占据了半壁江山。

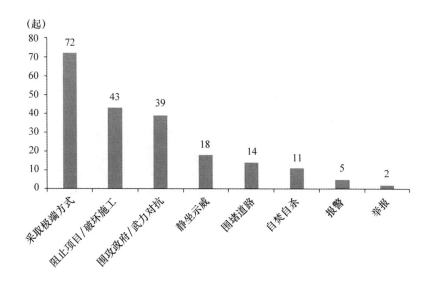

图 8 - 3　农民在征地中的反应方式

资料来源：刘守英：《直面中国土地问题》，中国发展出版社 2014 年版。

第四节　房地产投机炒作日益严重，
潜在金融风险明显加大

在地方政府"以地谋发展"模式下，伴随着土地价格的不断飙升，中国住房价格不断上涨。从全国平均水平来看，从 2000 年的 2112 元，增至 2017 年的 7614 元，增长了 2 倍多。其中，北京市住房价格从 2006 年的 7877 元，增至 2017 年的 35218 元，十年增长了近 4 倍。随着房地产价格的不断上涨，房地产开始从原有的居住属性向金融属性转变，房地产贷款余额不断上涨，居民房地产投机日益严重。其中，个人住房贷款余额从 2012 年的 8.1 万亿元，增至 2017 年的 20.1 万亿元，年均增速高达 22.01%，是同期 M2 货币发行量（年均增速 12.32%）的近 2 倍。房地产开发贷款余额从 2012 年的 3.86 亿元，增至 2017 年的 7 亿元（见图 8 - 4）。不断上涨的房地产贷款余额增加了潜在的金融风险，房地产市场危机一旦爆发，对中国金融系统将产生严重冲击。

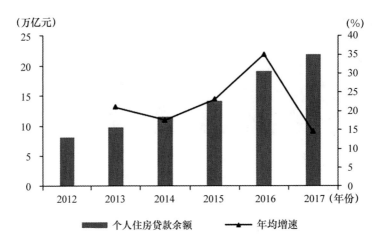

图 8 - 4 2012—2017 年个人住房贷款余额增长变动情况

资料来源：2012—2017 年中国人民银行金融机构贷款投向统计报告。

第九章　结论与启示

第一节　本书主要结论

改革开放以来，随着一系列制度改革的不断深化，土地开始从传统的生产和生活功能拓展到资本功能，土地资本属性日益增强。基于土地资本化的背景，本书揭示了土地开发对城市经济增长的作用机制和传导路径，实证验证了土地资本化背景下土地开发不同阶段不同利益主体所获得的土地收入对城市经济增长的宏观和微观影响。首先，本书系统梳理和总结了土地资本化背景下，土地开发过程中"以地谋发展"模式形成的基础；其次，从地方政府的视角出发，采用中介效应分析方法，实证检验了地方政府在土地开发过程中所获得的土地收入用于城市公共服务设施对城市经济增长的影响；再次，在上述分析的基础上，采用结构方程分析方法，进一步实证验证了地方政府在土地开发过程中所获得的土地收入用于城市公共服务设施对经济增长的直接和间接影响；最后，从居民家庭的视角出发，采用计量分析方法，分析了居民家庭土地开发过程所获得的征地拆迁补偿对家庭消费行为的影响，着重揭示了征地拆迁补偿对居民家庭不同消费行为影响的空间差异。本书主要研究结论如下。

（1）在土地资本化背景下，土地开发对城市经济的影响主要分为宏观和微观两方面。从宏观来看，地方政府的"土地开发—土地收入—城市公共服务设施—城市经济增长"的发展模式（Fan et al.，2016；石敏俊等，2017）；从微观来看，居民家庭的"土地开发—征地拆迁补偿—家庭消费行为"的传导路径，均对中国城市经济产生重要影响。因此，土地资本化背景下，地方政府在土地开发中所获得的土地收入对城市经济的宏观影响和居民家庭在土地开发过程中所获得的征地拆迁补偿收入对城市经济的微观影响共同构成了狭义的"以地谋发展"模式。从广义来看，地方政府"以地谋发展"模式除了"土地开发—土地收入—城市公共服务设施—城市经济增长"外，还应包括两部分：一是土地开发过程中房地产开发投资对城市经济增长的贡献。二是低成本的工业用地促使产业集聚推动城市经济增长。

（2）土地开发显著推动了城市公共服务设施水平的提升，同时，城市公共服务设施对城市经济增长具有积极的促进作用。因此，城市公共服务设施在土地开发影响城市经济增长的机制中发挥着中介效应，且城市公共服务设施的中介效应为部分中介。

（3）土地收入极大地推动了城市经济增长。2000—2010 年，土地出让收入每增长 1 个标准单位，城区 GDP 将增长 3.090 标准单位，其中土地收入通过城市公共服务设施的直接影响为 0.352 标准单位，间接影响为 2.738 标准单位，通过产业集聚和常住人口变动的间接效应远大于直接效应，且在间接效应中，产业集聚的影响大于常住人口变动的影响。2011—2013 年，常住人口变动的影响却大于产业集聚的影响。不同城市类型土地收入对城区 GDP 的直接、间接以及总影响的大小不同。

（4）被征地拆迁家庭所获得的一次性数额不菲的补偿收入提升了家庭消费水平，对耐用消费品和非耐用消费品支出均具有积极的促进作用；征地拆迁补偿的空间差异使得居民家庭消费的变化也存在明显的空间差异。在城区和高房价地区经历征地拆迁的家庭获得的征地拆迁补偿金额较高，提升家庭消费水平的幅度大于城市郊区和低房价地区；征地拆迁补偿对家庭耐用消费品和非耐用消费品的影响存在空间差异性，城区以及经济发达地区城市和高房价城市的征地拆迁补偿对耐用消费品支出的影响更加显著，但不同区域征地拆迁补偿对家庭非耐用消费品支出影响不同。

第二节　对策建议

近年来，中央政府和社会各界也充分认识到了"以地谋发展"模式对中国经济社会发展所带来的各种问题。《新型城镇化规划（2014—2020）》明确提出要严格控制城镇建设用地规模，合理控制城镇开发边界，提高国土空间利用效率。同时，国家"十三五"规划、国土资源"十三五"规划以及《全国国土规划纲要（2016—2020）》都提出要压缩城镇建设用地规模，控制城市开发和扩张步伐。在新的发展背景下，尽管土地开发能够显著推动城市经济发展，政府应改变传统的"以地谋发展"的"寅吃卯粮"发展模式，被征地拆迁家庭应树立科学合理的消费观念，推动城市经济持续快速发展，减少社会矛盾。具体来看，地方政府和居民家庭应着重注意以下几方面。

一　转变"以地谋发展"的模式，走土地—产业—人口联动发展的可持续发展模式

尽管在短期内地方政府"土地开发—土地收入—城市公共服务设施—城市经济增长"的"以地谋发展"模式显著推动了城市经济增长，但在新的发展背景下，以往粗放式的土地城镇化模式越来越不适应经济社会发展需要。地方政府应改变以往"以地谋发展"的模式，积极推动土地—产业—人口联动发展。

专栏1　"人—地—业"三元联动发展的战略思路

"人—地—业"三元联动是指，在推动城市发展过程中，统筹考虑土地开发与产业发展、人口集聚的关系，推动土地开发、产业发展和人口集聚的互相促进、协调，着力构建土地开发—产业发展—人口集聚三者正向循环累积效应的形成。

"人—地—业"三元联动发展是贯彻落实高质量发展的重要举措，对转变城市发展方式，提高城镇化质量、优化国土空间布局等具有重大意义。一是切实转变地方政府对土地财政的过度依赖，是转变城市发展方式，实现高质量可持续发展的必然要求。二是切实减轻城市发展对房地产开发投资的依赖，有效化解潜在金融风险，是建立和完善房地产市场平稳健康发展长效机制的重大支撑。三是有效推动城镇化发展由数量型向质量型转变，实现以人为核心的新型城镇化战略，是遏制城镇化"摊大饼"式发展，构建大中小城市和小城镇协调发展的城镇格局的重大举措。四是有效控制城镇开发边界，优化城市内部空间结构，促进城市紧凑发展，对优化国土空间开发格局、提高国土空间利用效率具有重要意义。

坚持体制机制创新。用改革创新的办法解决地方政府对土地财政依赖深层次问题，处理好新与旧、破与立、短期与长期的关系，改革土地、财税等基础性制度，打破部门利益束缚，建立起跨部门的协调推动机制，探索适合"人—地—业"三元联动发展的新型融资模式、利益平衡机制等。

坚持因城因地制宜。对不同规模的城市采取不同的发展策略，中小城市是实施"人—地—业"三元联动发展的重点区域，着重出台一批支撑中小城市"人—地—业"三元联动发展的政策措施。特大和超大城市应坚持"以业控人"，控制人口规模和城市开发边界，推动产业转型升级。

坚持协调联动发展。综合考虑土地、产业和人口动态发展趋势，统筹制定统一规划体系，充分发挥发展规划的战略导向和统领作用，强化产业发展规划、人口发展规划与土地利用总体规划的衔接，坚持综合施策，探索多形式的人、地、业增减挂钩模式，推动土地开发、产业发展和人口集聚正向循环累积。

（一）统一规划体系，构建土地、产业和人口相互挂钩、协调发展的体制机制

充分发挥发展规划战略导向和统领作用，建立国家规划工作委员会，统一组织协调发展规划、空间规划、土地规划、专项规划等规划的编制，强化空间规划、土地规划、产业和人口等专项规划与发展规划的衔接协调。构建统一的规划信息协同平台，实现人口信息、国土资源信息和产业发展信息、建设项目信息等信息资源共享共用，形成融人、地、业、房等信息为一体的空间大数据信息平台为支撑的"多规合一"体系。建立规划动态监测与跟踪分析机制，定期对城市土地—人口—产业协调发展程度进行分析和评估，及时调整规划内容。强化部门协同，建立土地、产业和人口相互挂钩、协调发展的部门协作机制，由国家发展改革委员会牵头，自然资源、公安、住房城乡建设等部门参与，加强配合协调，做好政策衔接。

（二）构建新型土地与经济关系，减轻经济发展对土地财政的依赖

一是合理制定土地利用规划，合理确定城市用地规模和开发边界，科学安排开发时序和空间，严格落实城镇建设用地增加规模与吸纳农业转移人口落户数量挂钩。二是严格执行城市用地分类与规划建设用地标准，实行增量供给与存量挖潜相结合的供地、用地政策，提高城镇建设使用存量用地比例。针对不同类型城市发展实际，动态调整不同类型土地供给规模，灵活、充分利用跨省耕地占补平衡和城乡用地增减挂钩政策。三是创新城市建设融资模式。以地方政府为主

导，引入专业化合作机构，设立公共服务设施建设投资基金，专门用于城市公共服务设施建设。支持城市公共服务领域企业通过发行市政收益债券等方式参与资本市场融资，推动重点企业多渠道多形式直接融资。

（三）坚持分城施策，实行差别化的政策措施

对于具有"城市病"的特大和超大城市，严格控制城市开发边界，强化对城市建设用地开发强度、土地投资强度、人均用地指标的控制，充分挖掘存量土地的开发潜力，优化城市内部用地结构。积极推行"以业控人"，推动以产业升级调整人口存量，以功能疏解调控人口增量，以产业转型升级带动存量人口转移。对于中小城市，赋予更多的改革先行先试权，切实增强发展的内生动力。在土地开发方面，推进国有土地资产经营制度改革，将国有土地经营权和管理权分离，成立专门的国有土地资产经营机构，为城市化提供可持续的建设资金。在产业发展方面，通过改善营商环境等方式，引导东部沿海地区和大城市先进制造业转移。创新产业转移跨区域合作机制，鼓励以连锁经营、委托管理、投资合作等多种形式与产业转出地共建园区。在人口集聚方面，重点瞄准进城农业转移人口，大幅放宽甚至取消落户限制，促进有能力有意愿在城镇稳定就业和生活的常住人口加快市民化。着力营造宜居宜业的环境，在人才引进、培养、流动、保障等方面出真招，有效破除人才流动、考核评价、收益分配等方面的体制机制障碍。

（四）切实减轻对房地产的依赖，构建房地产市场平稳健康发展长效机制

一方面，进一步完善住房基础性制度。通过新增用地、盘活存量土地和利用农村集体建设用地等增加商品房、保障房等住房供给，强化对住房供应的总量、结构和布局的调整。加快发展住房租赁市场，多种举措增加长期性租赁住房数量，提高租赁住房承租率。积极推进"租购同权"，建立和完善承租者权益保护制度，确

保租房者在子女入学、社会保障等基本公共服务方面享有同等权益。另一方面，改革住房相关配套制度。继续深化土地制度改革，建立农村集体建设用地使用权直接入市制度，形成一级市场有效竞争机制。取消经营性用地土地储备制度，对于经营性用地，土地使用权持有者在交纳相关税费后，通过市场自由转让使用权，形成二级市场有效竞争机制。严格落实城镇建设用地增加规模同吸纳农业转移人口落户数量挂钩制度。建立土地出让金中央与地方分成制度，抑制地方政府"炒地"，形成收益分配约束机制；进一步推进财税体制改革，完善城镇新市民的租购住房财政补贴制度，形成新老居民均等化机制。建立中央向地方提供保障性住房转移支付规模与城市接纳新市民规模挂钩制度。

二　创新融资模式，积极引导社会资本参与城市公共服务设施投资建设

在今后的发展过程中，随着国家严格限制城市建设用地的供给，地方政府的土地收入为城市公共服务设施建设融资发展的模式将面临严重挑战。多元化拓展城市公共服务设施融资渠道，创新融资模式是解决这一问题的关键。首先要加大与金融机构的对接力度，多元化拓展融资渠道。有条件的地区可研究设立公共服务设施建设投资基金，按照市场化运作的原则，引入专业化合作机构，吸引保险资金、社保基金及其他社会资本进入，共同参与城市公共服务设施建设。支持城市公共服务领域企业利用资本市场融资，推动重点企业多渠道多形式直接融资。引导金融机构加大对社会资本参与项目的信贷支持力度。其次要创新融资模式。地方政府城市公共服务设施投融资平台可积极采取PPP、混合所有制、委托运营、债转股、收购兼并等多种方式，吸引社会资本进行股权投资和项目投资。盘活利用存量资产，通过定向增发和股权置换等方式，加快推进各类产权、股权与资产的有序流转，加大专业化运营力度和社会资本参与程度。

三 引导征地拆迁家庭树立健康消费观念，增强后续"生计"能力

由于"拆迁骤富"颠覆了传统的致富模式，导致"拆迁富翁"存在盲目炫富与攀比心理，使"拆迁富翁"背离传统的生活方式。因此，对被征地拆迁家庭应加强正确的消费指导，按照"先生产后生活，先保障后消费"的原则，创新补偿发放方式方法，尝试分期拨付征地拆迁补偿，探索多渠道多方式补偿发放方式；应建立健全预防应急机制和保障机制，引导农民拆迁户树立正确的消费理财观念，避免成为"种田无地、就业无岗、社保无份"的"三无"农民。可探索尝试将一部分拆迁补偿款作为职业技能培训补贴和用人单位招用本地区劳动力一次性奖励，并安排专项资金，用于促进就业工作。并通过用一部分拆迁补偿款办集体企业，将补偿费进行资产增收，资产量化、统一经营，把集体资产产权变股权，确保集体与农民的长期收益。多渠道采取措施引导征地拆迁家庭将所获得的补偿转化为投资，增强家庭后续"生计"能力。

附录 1 土地财政收入测算过程

参考李尚蒲等（2010）、吴冠岑等（2013）的研究，土地财政收入主要包括以下五方面：

——土地直接相关的税收，包括城镇土地使用税、土地增值税、耕地占用税、契税等；

——土地有偿使用收入，包括土地出让收入、土地租金收入、其他方式供地收入；

——土地征用及房地产相关的间接税收，包括房地产、建筑业企业所得税、营业税、房产税、印花税、城市维护建设税、教育费附加、个人所得税等；

——相关行政收费，包括耕地开垦费、管理费、业务费、登报费、房屋拆迁费、折抵指标费、收回国有土地补偿费、新增建设用地有偿使用费等（顾纯俊，2012）。

从土地财政的构成来看，土地财政为土地直接相关的税收、土地征用及房地产相关的间接税收、土地有偿使用收入、相关行政收费之和，即可写成：土地财政＝土地直接相关的税收＋土地征用及房地产相关的间接税收＋土地有偿使用收入＋相关行政收费。考虑到上述几项收入中分税制改革后中央和地方财政分成的问题（其中，在土地出让收入中，1998 年《土地管理法》中对新增建设用地部分的土地出让收入中央、地方的分成规定 30% 归中央、70% 归地方，但因《中国国土资源统计年鉴》中，仅提供整体的土地出让收入，而无法区分存量部分收入和新增部分收入，因此无法区分获得中央新增建设用地的土地出让收入分成部分），所以将土地出让收入直接默认为全部是地方政府收入，这在一定程度上夸大了地方政府的土地财政收入；在土地直接相关的税收中，四种税收城镇土地使用税、土地增值税、耕地占用税、契税全部归地方所有；在土地征用及房地产相关的间接税收中，房地产、建筑业企业所得税在 2002 年以前中央与地方一直是按企业的隶属关系划分，2001 年《国务院关于印发所得税收入分享改革方案的通知》中规定 2003 年以后中央、地方各占 60%、40%。由于无法直接获得房地产业和建筑业营业税的具体金额，《中华人民共和国营业税暂行条例》规定建筑业和房地产业营业税税率是以营业额为基础按 3% 和 5% 计算应纳税额，因此，选取商品房销售收入和建筑业产值作为应税基础来估算营业税。印花税、城市维护建设税、教育费附加、个人所得税等所占比重较小，且难以区分行业属性所带来的税收，因此在测算时并未计算在内；行政事业收费庞杂，并且透明度低，难以查清，鉴于数据的可得性，在测算时并未纳入土地财政规模的估算。

综上分析，土地财政的计算公式如下：

——2000—2002 年

分省级土地财政收入 =［土地出让收入 + 土地租赁收入 + 其他方式供地收入］*100% + 土地直接相关的 4 种税收收入 *100% + 房产税 *100% +［（房地产企业所得税 + 建筑业企业所得税）*50% +（商品房销售额 *5% + 建筑业产值 *3%）*100%］

—— 2003 年以后

分省级土地财政收入 =［土地出让收入 + 土地租赁收入 + 其他方式供地收入］*100% + 土地直接相关的 4 种税收收入 *100% + 房产税 *100% +［（房地产企业所得税 + 建筑业企业所得税）*40% +（商品房销售额 *5% + 建筑业产值 *3%）*100%］

按照上述计算公式，本书对 2000 年以来中国各省（市、区）土地财政收入进行了测算，数据来源见附表 1 - 1，测算结果见附表 1 - 2。

附表 1 - 1　　　　　　土地财政收入测算数据来源

指标	数据来源	时间
土地有偿使用收入	国土资源统计年鉴	2001—2015
土地直接相关的 4 种税收和房产税	中国财政统计年鉴	2001—2015
房地产和建筑业企业所得税	中国税务年鉴	2001—2015
商品房销售额和建筑业产值	中国统计年鉴	2001—2015

附表 1 - 2　　　2000—2014 年中国各省（区、市）土地财政收入情况

（单位：亿元）

年份	2000	2005	2010	2011	2012	2013	2014
全国	1737	9654	41078	47975	46743	66376	58940
北京	166	381	2062	2343	1515	2820	3117
天津	30	214	1177	1197	944	1321	1361
河北	56	264	1497	1602	1745	2393	1908
山西	19	100	418	545	644	921	769
内蒙古	17	103	739	910	899	979	914
辽宁	83	441	2766	4212	3181	3501	2424
吉林	25	104	600	812	790	864	743
黑龙江	72	106	624	880	696	852	868
上海	119	787	1659	1798	1511	2102	2577
江苏	179	1427	5410	6306	5902	8510	6925
浙江	203	1179	4892	4348	3464	5812	4155
安徽	42	307	1538	1741	1885	3047	2673
福建	69	350	1577	1669	1659	2453	2015
江西	15	208	862	1069	1177	1901	1664
山东	90	786	3492	3650	3863	5063	4503
河南	41	227	1171	1559	1802	2437	2452
湖北	34	268	1207	1647	1650	2487	2313

续表

年份	2000	2005	2010	2011	2012	2013	2014
湖南	33	252	872	1296	1313	1846	1746
广东	195	737	2585	2791	3190	5284	5264
广西	31	149	654	761	879	1070	1118
海南	6	43	314	321	396	460	406
四川	30	239	1091	1434	1732	2351	2052
重庆	68	533	1688	1820	2180	2986	2678
贵州	17	64	316	484	792	1097	1103
云南	33	128	666	1268	1132	1327	891
西藏	1	6	12	13	11	14	24
陕西	25	117	511	576	906	1150	1096
甘肃	10	47	201	367	234	378	359
青海	3	9	78	83	71	106	124
宁夏	7	25	139	184	162	262	192
新疆	18	53	259	286	417	582	507

附录2 不同类型城市建成区
面积变动分析

一 土地城镇化进程快速推进，建成区面积
不断扩张，但建成区面积增速不断减少

2000 年以来，中国城镇化进程不断加快。随着城镇化快速推进，中国建成区面积从 2000 年的 22439 平方公里增加到 2014 年的 49773 平方公里，15 年建成区面积扩张了 1 倍多，年均增长 15.84%，远高于城镇人口年均增长速度（11.66%）。中国 285 个地级及以上城市市辖区建成区面积从 2001 年的 17901 平方公里增加到 2013 年的 37381 平方公里，年均增长 8.37%。

但从建成区面积增速来看，2000 年以来城市建成区面积增速不断减少。"十五"期间建成区面积平均增速为 8.99%，而"十一五"时期增速却骤降为 3.80%，比"十一五"期间增速降低 5.19 个百分点，"十二五"期间建成区面积继续下降，2011—2013 年平均增速仅为 3.54%，低于"十五"和"十一五"期间增速（见附图 2-1）。

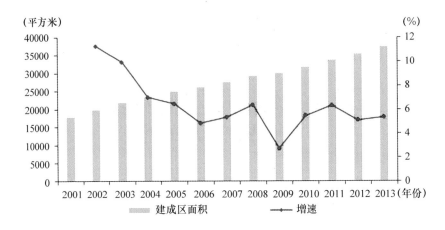

附图 2 – 1   2001—2013 年 285 个地级及以上城市市辖区建成区面积及增速

二   从建成区面积绝对增量来看，建成区面积增量与城市经济发展水平、城市规模和城市等级呈现明显的正相关关系；从建成区面积增速来看，2005 年前，建成区面积增速与城市经济发展水平、城市规模和城市等级呈现正相关关系。但 2006 年后，这种关系发生了变化

从建成区面积绝对增量来看，经济发展水平越高，城市建成区面积增量越大。从附表 2 – 1 可以看出，2001—2013 年，人均 GDP 大于 10 万元的城市建成区面积增量显著高于人均 GDP 在 6 万—9 万元、3 万—6 万元以及小于 3 万元的城市，人均 GDP 大于 10 万元的城市建成区面积增量分别是人均 GDP 在 6 万—9 万元、3 万—6 万元以及小于 3 万元的 1.4 倍、3.3 倍、6.8 倍、9.5 倍；同样，从附表 2 – 1 也可以发现，城市规模越大，建成区面积增量越大；城市等级越高，建成区面积增量也越大。

从建成区面积增速来看（见附表 2-1），2001—2013 年，人均 GDP 6 万—10 万元的城市增速最快，其次是人均 GDP 3 万—6 万元的城市，人均 3 万元以下城市增速最低；而从城市等级来看，副省级城市增速最快，其次是省会城市，一般地级市增速最低；从城市规模来看，建成区面积增速排名分别为市辖区常住人口在 300 万—500 万的大城市 II、超大城市、特大城市、人口在 100 万—300 万的大城市 I、中等城市和小城市。

不同时间段建成区面积增速与城市经济发展水平、城市规模和城市等级间的关系不同。2005 年之前，建成区面积增速与城市经济发展水平、城市规模和城市等级表现出正相关关系。2006 年后，人均 GDP 3 万—6 万元和 3 万元以下城市建成区面积增速逐渐快于人均 GDP 6 万—10 万元及 10 万元以上城市，2011—2013 年城市建成区面积与城市经济发展水平呈现出反向关系，经济发展水平较低的城市建成区面积增速快于经济发展水平较高的城市；2006 年后城市规模与建成区面积增速逐渐呈现反向关系，大城市建成区面积增速快于超大城市和特大城市，2011 年后，中等和小城市建成区面积增速快于大城市、超大城市和特大城市；2006 年后，城市等级与建成区面积增速也逐渐呈现反向关系，省会城市和地级市建成区面积增速逐渐快于副省级城市和直辖市，2011 年后，地级市建成区面积快于省会城市、副省级城市和地级市（见附表 2-2）。

三　不同区域城市建成区面积增速不同，西部地区城市建成区面积增速快于东部、中部和东北地区城市。2005 年前，优化开发区建成区面积增速快于重点开发区和其他地区，而 2006 年后，重点开发区城市建成区面积增速快于优先开发区

从四大区域来看，2001—2013 年，东部地区城市建成区面积增

附表 2－1

2001—2013 年不同类型城市建成区面积

	分类标准	城市个数	2001	2002	2003	2004	2005	2006	2007	2008	2009	2010	2011	2012	2013
经济发展水平	人均GDP大于10万元	13	167.15	177.54	215.38	227.15	251.08	260.38	280.85	300.00	311.85	328.77	341.08	357.77	361.31
	人均GDP 6万—10万元	51	114.84	139.65	151.86	168.73	168.78	185.73	193.59	206.00	213.12	221.20	233.43	242.71	257.39
	人均GDP 3万—6万元	129	48.62	55.59	60.32	63.19	70.25	73.33	77.48	83.17	83.81	89.45	96.38	101.76	107.33
	人均GDP小于3万元	92	33.64	36.05	38.77	40.42	43.33	41.68	43.82	45.35	47.46	50.60	54.21	57.88	62.09
城市等级	直辖市	4	5150.64	5801.05	6267.77	6653.42	7053.33	7133.68	7488.82	7763.35	8019.46	8334.60	12278.49	9303.88	9817.09
	副省级城市	15	202.73	233.80	274.47	297.13	325.20	369.33	390.00	408.80	424.20	452.20	467.73	489.93	511.33
	省会城市	16	113.13	121.25	131.25	138.63	156.19	166.94	174.13	191.81	202.25	216.25	236.13	246.13	264.56
	地级市	250	44.11	48.09	52.06	55.44	58.16	58.73	62.00	66.24	67.58	71.51	76.41	81.09	85.74
不同区域	东部地区	87	85.75	100.03	114.90	126.79	129.46	138.14	146.49	156.90	159.39	166.43	175.24	184.80	194.31
	中部地区	80	47.55	51.31	55.40	57.91	62.56	66.31	69.49	73.84	77.55	82.63	89.85	93.69	98.05
	西部地区	84	45.56	50.36	53.62	55.30	64.56	63.90	67.43	71.76	75.35	79.73	86.15	91.79	99.50
	东北地区	34	82.65	84.68	87.09	91.76	95.59	101.76	105.35	109.47	108.82	116.56	120.24	123.47	125.71
主体功能区	优化开发区	37	143.84	172.00	196.08	219.89	219.86	233.19	245.68	261.41	267.41	276.97	288.84	301.76	315.27
	重点开发区	104	65.78	71.26	77.90	80.88	91.25	95.75	101.59	108.87	112.82	121.65	131.69	137.07	144.98
	其他	144	39.60	42.40	45.17	47.56	50.55	52.15	54.46	57.34	58.47	61.14	64.74	69.52	73.47

续表

城市规模	分类标准	城市个数	2001	2002	2003	2004	2005	2006	2007	2008	2009	2010	2011	2012	2013
	小城市	45	23.44	24.33	24.82	26.36	27.82	28.89	30.40	32.24	33.89	35.89	39.07	40.11	43.84
	中等城市	102	35.20	37.26	40.46	41.94	45.57	47.16	50.25	52.69	53.44	56.41	59.63	63.76	67.47
	大城市 I	101	60.67	65.23	71.21	74.52	82.84	81.44	85.08	91.70	95.20	101.54	108.57	114.27	120.12
	大城市 II	21	129.48	140.95	149.29	156.19	176.14	197.33	211.76	232.67	242.95	261.14	282.86	301.19	321.57
	特大城市	10	191.33	256.56	273.33	329.89	273.11	322.22	328.00	351.33	351.78	370.00	383.67	401.89	419.67
	超大城市	6	449.17	528.33	631.00	685.83	745.33	792.83	837.00	871.50	891.00	901.83	949.00	965.67	989.67

注：（1）资料来源于《中国区域经济统计年鉴》，受数据可获得性及不同年份城市一致性影响，笔者选择了 289 个地级及以上城市中的 285 个；

（2）城市规模分类参照 2014 年《国务院关于调整城市规模划分标准的通知》的规定。

附表 2－2　2001—2013 年不同类型城市建成区面积增长情况

分类依据	分类标准	2001—2005			2006—2010			2011—2013			2001—2013		
		增长面积	增长率	平均增速	增长面积	增长率	平均增速	增长面积	增长率	平均增速	增长面积	增长率	平均增速
城市经济发展水平	人均 GDP 大于 10 万元	83.93	50.21%	10.04%	68.39	26.27%	5.25%	20.23	5.93%	1.98%	194.16	116.16%	8.94%
	人均 GDP 6 万—10 万元	53.94	46.97%	9.39%	35.47	19.10%	3.82%	23.96	10.26%	3.42%	142.55	124.13%	9.55%
	人均 GDP 3 万—6 万元	21.63	44.49%	8.90%	16.12	21.98%	4.40%	10.95	11.36%	3.79%	58.71	120.75%	9.29%
	人均 GDP 小于 3 万元	9.69	28.80%	5.76%	8.92	21.40%	4.28%	7.88	14.54%	4.85%	28.45	84.57%	6.51%
城市规模	小城市	4.38	18.69%	3.74%	7	24.23%	4.85%	4.77	12.21%	4.07%	20.4	87.03%	6.69%
	中等城市	10.37	29.46%	5.89%	9.25	19.61%	3.92%	7.84	13.15%	4.38%	32.27	91.68%	7.05%
	大城市 I	22.17	36.54%	7.31%	20.1	24.68%	4.94%	11.55	10.64%	3.55%	59.45	97.99%	7.54%
	大城市 II	46.66	36.04%	7.21%	63.81	32.34%	6.47%	38.71	13.69%	4.56%	192.09	148.35%	11.41%
	特大城市	81.78	42.74%	8.55%	47.78	14.83%	2.97%	36	9.38%	3.13%	228.34	119.34%	9.18%
	超大城市	296.16	65.93%	13.19%	109	13.75%	2.75%	40.67	4.29%	1.43%	540.5	120.33%	9.26%
城市等级	直辖市	250.5	49.55%	9.91%	93	11.42%	2.28%	45	4.66%	1.55%	505.25	99.95%	7.69%
	副省级城市	122.47	60.41%	12.08%	82.87	22.44%	4.49%	43.6	9.32%	3.11%	308.6	152.22%	11.71%
	省会城市	43.06	38.06%	7.61%	49.31	29.54%	5.91%	28.43	12.04%	4.01%	151.43	133.85%	10.30%
	地级城市	14.05	31.85%	6.37%	12.78	21.76%	4.35%	9.33	12.21%	4.07%	41.63	94.38%	7.26%

续表

分类依据	分类标准	2001—2005			2006—2010			2011—2013			2001—2013		
		增长面积	增长率	平均增速	增长面积	增长率	平均增速	增长面积	增长率	平均增速	增长面积	增长率	平均增速
不同区域	东部地区	43.71	50.97%	10.19%	28.29	20.48%	4.10%	19.07	10.88%	3.63%	108.56	126.60%	9.74%
	中部地区	15.01	31.57%	6.31%	16.32	24.61%	4.92%	8.2	9.13%	3.04%	50.5	106.20%	8.17%
	西部地区	19	41.70%	8.34%	15.83	24.77%	4.95%	13.35	15.50%	5.17%	53.94	118.39%	9.11%
	东北地区	12.94	15.66%	3.13%	14.8	14.54%	2.91%	5.47	4.55%	1.52%	43.06	52.10%	4.01%
主体功能区	优化开发区	76.02	52.85%	10.57%	43.78	18.77%	3.75%	26.43	9.15%	3.05%	171.43	119.18%	9.17%
	重点开发区	25.47	38.72%	7.74%	25.9	27.05%	5.41%	13.29	10.09%	3.36%	79.2	120.40%	9.26%
	其他	10.95	27.65%	5.53%	8.99	17.24%	3.45%	8.73	13.48%	4.49%	33.87	85.53%	6.58%

注：增长面积单位为平方公里；城市规模标准参考附录 2 - 1。

速最快，其次是西部地区，东北地区增速最低。分时间段来看，2006年后，与其他区域城市建成区面积不断减少不同，西部地区城市建成区面积增速持续增加，从 2006—2010 年的 4.95% 增加到 2011—2013年的 5.17%。同时，西部地区城市建成区面积增速也快于东部、中部和东北地区。

从主体功能区分类来看，2001—2013 年，重点开发区城市建成区面积增速快于优化开发区和其他地区。但不同时间段不同类型主体功能区城市建成区面积增速不同。2005 年之前，优化开发区城市建成区面积增速快于重点开发区和其他地区，而 2006 年之后重点开发区和其他地区城市建成区面积增速快于优化开发区。

附录 3 中国住房制度改革历程与经验

一 中国住房制度改革的演化轨迹

住房制度的改革是经济转型和社会变迁的缩影，也是不同利益主体之间互动、竞争和妥协的结果。中国住房改革是经济体制改革中提出最早，酝酿时间最长，试点的面最广，出台的方案最慎重，在全国铺开最为缓慢的改革（见附图 3-1）。根据不同时期住房制度改革的背景和特征，可以将其划分为 5 个阶段。

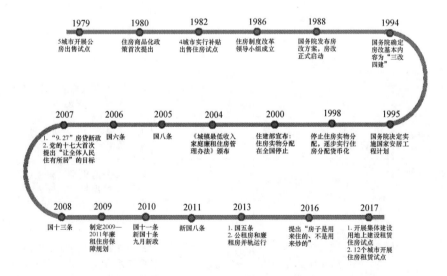

附图 3-1 中国住房制度改革大事记

（一）住房实物分配制度改革阶段（1978—1993 年）：住房商品化探索

改革开放后，由福利分房制度造成的政府沉重的住房补贴负担以及住房供给不足矛盾的突出，促使政府开始思考新的住房供给方式。这一阶段，政府为推进住房制度改革进行了多种形式的尝试和创新，住房制度改革经历了公房出售试点、提租补贴试点和全面起步三个阶段。这一阶段改革的特点是以中央政府为主导的自上而下改革，目的是缓解政府和企业住房投资的压力，属于住房商品化改革的探索阶段，相关改革试点政策实施效果不太理想，但为后续深化改革积累了丰富的经验。这一阶段属于住房商品化改革的探索阶段，尚未形成市场化的投资、建设和购买主体（见附表 3 - 1）。

附表 3 - 1　　住房实物分配制度改革阶段主要政策文件情况

年份	名称	发布单位	主要举措
1978	关于加快城市住宅建设的报告	国家建委国务院批转	提出了调动国家、地方、企业和群众四个方面积极性，努力加快住宅建设的方针
1980	全国基本建设工作会议汇报提纲	中共中央国务院批转	正式提出实行住房商品化政策，准许私人建房、买房、拥有自己的住房，新建住宅和已有住宅都可以出售，由企业、个人和政府各承担房价的 1/3（"三三制"）
1986	关于城镇公房补贴出售试点问题的通知	城乡建设环境保护部	城镇公房原则上要全价出售，禁止贱价销售
1988	关于在全国城镇分期分批推行住房制度改革的实施方案	国务院	合理调整公房租金，积极组织公有住房出售等，标志着住房制度改革进入了整体方案设计和全面试点阶段
1991	关于积极稳妥地推进城镇住房制度改革的通知	国务院	提出分步提租、交纳租赁保证金、新房新制度、集资合作建房、出售公房等多种形式推进房改的思路

（二）住房实物分配向住房市场化改革过渡阶段（1994—1998年）：住房商品化启动

经历初步探索之后，住房制度改革的市场化特征显现，逐渐形成以权力下放、培育市场主体为特征的改革。住房制度改革的方向是产权改革，引入市场机制，并建立双轨制的住房供应体系。1994年，国家提出了"三改四建"7项具体改革举措，明确了我国住房制度改革的总目标，开启了城镇住房制度正式改革之路。1998年，国家提出停止住房实物分配，逐步实行住房分配货币化，建立和完善以经济适用住房为主的多层次城镇住房供应体系，宣告了福利分房制度的终结和新的住房制度的开始。这一阶段的改革过程中，政府政策导向是不断鼓励居民自主购房，鼓励和培育房地产市场稳步发展，探索金融对住房改革的支持作用，同时，也实施了国家安居工程计划，积极探索新型住房保障制度。这一阶段的住房供应模式主要有集资合作建房、经济适用房、廉租住房、安居工程住房等。同时，实物分房尚未完全取消。

这一阶段住房市场化改革是将住房投资、建设和销售的职能从政府和企业中逐步剥离，理顺政府、专业房地产企业、金融机构和个人的关系，实现住房商品化、分配货币化。但此时，住房市场化改革过渡阶段，以经济适用房为主的保障性住房建设仍占据较大比重，我国住房制度发展的目标是建立和完善以经济适用房为主的多层次城镇住房供应体系（见附表3-2）。

附表3-2　住房实物分配向住房市场化改革过渡阶段主要政策文件情况

年份	名称	发布单位	主要举措
1994	国家体改委经济体制改革实施要点的通知	国务院批转	公房提租、发展经济适用房和推出住房公积金制度

续表

年份	名称	发布单位	主要举措
1994	国务院关于深化城镇住房制度改革的决定	国务院	三建四改
1994	城镇经济适用住房建设管理办法	建设部、国务院住房制度改革领导小组、财政部	加快经济适用住房建设，提高城镇职工、居民的住房水平，加强对经济适用住房建设的管理
1995	国家安居工程实施方案	国务院	直接以低成本价向中低收入家庭出售，并优先出售给无房户、危房户和住房困难户等
1996	关于加强国有住房出售收入管理的意见	国务院办公厅转发住房制度改革领导小组	同意售房收入全部留归售房单位用于住房建设和住房改革
1998	关于进一步深化城镇住房制度改革加快住房建设的通知	国务院	停止住房实物分配，逐步实行住房分配货币化，建立和完善以经济适用住房为主的多层次城镇住房供应体系

（三）住房市场化全面推行阶段（1999—2004 年）：住房市场化发展迅速，住房保障收缩

1998 年后，我国房地产业发展迅速，住房建设规模不断扩大，房地产开发投资额快速增长，住房地产新开工面积增速、开发投资额增速和销售面积增速连续 7 年保持两位数增长，中国住房市场全面进入市场化发展阶段。2003 年《关于促进房地产市场持续健康发展的通知》（国发〔2003〕18 号）提出，将"建立和完善以经济适用住房为主的多层次城镇住房供应体系"改为"多数家庭购买或承租普通商品住房"。至此，住房市场化改革方向更加坚定，房地产业逐渐

成为国民经济的支柱产业,城市住房价格不断上涨。随着住房市场化迅速发展,住房保障处于萎缩阶段,尤其是随着"经营城市"理念的提出,以出让土地获取政府预算外收入,导致建设经济适用房的积极性逐渐减弱,一些城市甚至停止建设经济适用房。这一阶段,我国住房供应模式主要有商品房、集资合作建房、经济适用房、廉租住房、安居工程住房等,其中商品房供应规模不断扩大(见附表 3 - 3)。

附表 3 - 3   住房市场化全面推行阶段主要政策文件情况

年份	名称	发布单位	主要举措
1999	住房公积金管理条例	国务院	规定了住房公积金的缴存、提取使用和监督等,同时,提出住房公积金管理委员会设置、职责等
1999	关于进一步推进现有公有住房改革的通知	建设部	各辖区内可出售公有住房和不宜出售公有住房的范围并向社会公布,城镇成套现有住房除按规定不宜出售的以外,均应向符合条件、有购房意愿的现住户出售
2003	关于促进房地产市场持续健康发展的通知	国务院	将 1998 年提出的"建立和完善以经济适用住房为主的多层次城镇住房供应体系"改为"多数家庭购买或承租普通商品住房"
2004	城镇最低收入家庭廉租住房管理办法	建设部、财政部、民政部、国土资源部	廉租住房保障对象、保障标准和保障方式等

(四)住房市场调控阶段(2005—2015 年):调控住房市场,重新重视住房保障问题

伴随着我国住房市场的高速发展,住房市场发展不平衡、投资增长过快、供给结构不合理、市场秩序混乱等问题日益突出。与此同时由于房价的过快上涨,也引发了一系列社会问题,百姓住房难问题越

来越突出。中国政府采取了一系列以住房价格调控为主的房地产宏观调控政策措施，相继制定了"旧国八条""国六条""新国八条""国五条""新国五条""国十三条"等一系列住房市场调控政策措施，从规范土地交易、打击土地囤积、加强房地产信贷管理、提高住房贷款利率、规范房地产期房预售制度、完善二手房市场交易管理、整顿房地产交易秩序等方面对住房市场进行了规范管理和需求抑制（见附表 3 - 4）。虽然，这一阶段国家对住房市场调控政策措施之多、力度之大、频率之快、参与部门之多前所未有，但由于政府调控房价的政策一直以行政手段为主，并未真正触及住房价格上涨的深层次原因，调控并未有效抑制住房价格的迅猛上涨，我国住房价格进入"越调控越涨"的怪圈。为了缓解房价上涨给低收入群体带来的住房压力，我国重新重视了住房保障问题，制定了《廉租房管理实施办法》《经济适用住房管理办法》等法规，颁布了《国务院关于解决城市低收入家庭住房困难的若干意见》《关于加快发展公共租赁住房的指导意见》等，加快保障性住房建设力度，规范保障性住房的管理，全面确立了由廉租房、公租房、经适房和限价房 4 类住房构成的保障房实物供应体系（见附表 3 - 5）。此外，我国还开展了集中成片棚户区改造，积极推进旧住宅区综合整治，多渠道改善农民工居住条件。

附表 3 - 4　　　　　住房市场调控阶段主要政策文件情况

年份	名称	发布单位	主要举措
2005	关于切实稳定住房价格的通知	国务院办公厅	提出稳定房价的 8 条意见
2005	关于做好稳定住房价格工作的意见	国务院办公厅转发	制定了稳定房价的八条措施
2005	关于加强房地产税收管理的通知	国家税务总局、财政部、建设部	调整了个人住房营业税税收政策，对期房专卖进行限制

续表

年份	名称	发布单位	主要举措
2005	关于实施房地产税收一体化管理若干问题的通知	国家税务总局	对 20% 个人所得税进行一体化征收
2006	关于调整住房供应结构稳定住房价格意见的通知	国务院办公厅转发建设部等 9 部委	提出了稳定房价、整顿房地产市场秩序的 6 项措施
2006	关于调整住房供应结构稳定住房价格的意见	建设部等 9 部委	凡新审批、新开工的商品住房建设，套型建筑面积 90 平方米以下住房（含经济适用住房）面积所占比重，必须达到开发建设总面积的 70% 以上
2006	关于规范房地产市场外资准入和管理的意见	建设部等 5 部委	加强对外商投资企业房地产开发经营、境外机构和个人购房的管理
2006	城镇廉租房工作规范化管理实施办法	建设部	规定了廉租房建设的基本目标、主要内容、考核的组织与实施等
2007	关于解决城市低收入家庭住房困难的若干意见	国务院	明确了指导思想、总体要求和基本原则、进一步建立健全城市廉租住房制度等
2007	关于加强商业性房地产信贷管理的通知	中国人民银行、中国银行业监督管理委员会	对商业性房地产信贷政策进行了调整
2008	关于促进房地产市场健康发展的若干意见	国务院办公厅	支持房地产开发企业积极应对市场变化的意见
2008	廉租住房建设贷款管理办法	中国人民银行、银监会	廉租住房建设贷款利率应按中国人民银行公布的同期同档次贷款基准利率下浮 10% 执行

续表

年份	名称	发布单位	主要举措
2008	关于加强廉租住房质量管理的通知	住建部	加强廉租房质量管理
2009	2009—2011年廉租住房保障规划	住建部、发改委、财政部	用三年时间，基本解决747万户现有城市低收入住房困难家庭的住房问题
2009	关于利用住房公积金贷款支持保障性住房建设试点工作的实施意见	住建部、财政部、发改委等7部委	对试点目标原则、职工权益保障、资金使用方向、贷款风险防范、工程建设质量等方面做出了明确规定
2010	关于坚决遏制部分城市房价过快上涨的通知	国务院	房价过高地区可暂停发放第三套房贷
2010	关于加强经济适用房管理有关问题的通知	住建部	针对部分地方经济适用住房存在的准入退出管理机制不完善、日常监管和服务不到位等问题，做出了有关规定
2010	关于加快发展公共租赁住房的指导意见	住建部、发改委等7部委	规定了公共租赁住房房源管理、筹集、政策支持等
2010	关于促进房地产市场平稳健康发展的通知	国务院办公厅	促进房地产市场平稳健康发展的5条措施
2010	关于加强经济适用住房管理有关问题的通知	住建部	对经济适用房建设、准入、使用和交易等进行规范
2011	房地产经纪管理办法	住建部、发改委和人社部	整顿房地产市场秩序、规范房地产经纪行为，保护房地产交易及经济活动当事人合法权益
2011	关于进一步做好房地产市场调控工作有关问题的通知	国务院办公厅	促进房地产市场平稳健康发展新的8条意见

续表

年份	名称	发布单位	主要举措
2011	关于保障性安居工程建设和管理的指导意见	国务院办公厅	加强和规范保障性住房管理，加快解决中低收入家庭住房困难
2013	关于继续做好房地产市场调控工作的通知	国务院办公厅	加强房地产市场调控的6条措施
2013	关于坚决遏制违法建设、销售"小产权房"的紧急通知	国土资源部办公厅、住建部办公厅	坚决遏制最近一些地方出现的违法建设、销售"小产权房"问题
2013	关于公共租赁住房和廉租住房并轨运行的通知	住建部、财政部、发改委	从2014年起，各地廉租住房建设计划调整并入公共租赁住房年度建设计划
2014	关于发展住房公积金个人住房贷款业务的通知	住建部、财政部、中国人民银行	放宽公积金贷款条件
2015	关于调整住房公积金个人住房贷款购房最低首付款比例的通知	住建部、财政部、中国人民银行	对拥有1套住房并已结清相应购房贷款的居民家庭，住房公积金个人住房贷款购房首付款比例降低至20%
2015	关于进一步完善差别化住房信贷政策有关问题的通知	中国人民银行、银监会	各地区白主确定辖内商业性个人住房贷款的最低首付款比例

附表3-5　　　　　　　**主要保障性住房类型比较**

	保障对象	保障方式	产权归属	房屋性质	土地类型
廉租房	城市低收入住房困难家庭	货币补贴或实物配租	无产权	50平方米以内	划拨
公租房	城市中等收入偏下住房困难家庭	实物	无产权	60平方米以内	划拨或出让

续表

	保障对象	保障方式	产权归属	房屋性质	土地类型
经济适用房	城市中低收入住房困难家庭	实物	有限产权	60 平方米以内	划拨
限价房	城市中等收入住房困难家庭	实物	有限产权	90 平方米以内	招拍挂出让
棚改房	拆迁对象	实物或货币补贴	有限产权	不限	招拍挂出让

二　住房制度改革的经验

（一）坚持试点先行，鼓励改革创新

试点先行—系统评估—全国铺开是中国改革开放 40 年来各领域改革得以顺利推进的宝贵经验之一。在住房制度改革方面，中国许多重大改革创新政策大部分采取了自上而下和自下而上相结合的先试点再推广的做法。如果试点成功且达到了预期的政策效果，该项政策将在全国广泛推广，如果试点并未达到政策预期目标，该项政策将不会出台。中国住房制度改革试点既有成功的案例，也有失败的教训。中国住房制度改革试点，一方面有地方政府自行试点成功后全国推行的自下而上的形式，如 1991 年上海借鉴新加坡公积金制度的成功经验，率先在全国建立了住房公积金制度。之后，北京、天津及全国各地逐步推广实行。另一方面也有中央为推行某项政策而选择部分区域自上而下的试点的形式，如 1982 年，鉴于城镇居民工资水平低、购买能力有限，原国家建委和原城市建设总局决定在郑州、常州、四平和沙市四个城市试行公有住房的补贴出售，即政府、单位、个人各负担房价的 1/3，但在试点中暴露出许多问题，1985 年终止了这种做法。

（二）坚持市场化和政府保障相结合，构建多主体供给体系

在住房制度改革过程中牢牢坚持市场化和政府保障相结合，在住房市场化改革的基础上构建保障房政策体系，充分体现了住房的多重属性。尽管在不同的时期由于改革的重点不同，中国住房制度市场化

改革方向和政府保障各有所侧重，但我国房地产市场从未出现单一主体供应的情况，从未有过单一类型的住房形式。截至目前，在住房市场改革过程中，中国住房市场共有商品房、经济适用房、限价房、廉租房、公租房、共有产权房、自住房等近 10 种形式的住房类型。市场化是中国住房制度改革的大方向，中国住房市场化改革大大改善了居民的住房条件，促使住房市场快速发展，房地产业成为国民经济支柱行业。但我国是中国共产党领导的社会主义国家，全心全意为人民服务是中国共产党的根本宗旨，因此在住房制度改革过程中，考虑到保障和改善民生的需要，为了解决低收入家庭住房问题，必须落实政府责任，充分发挥政府兜底保障作用。

（三）坚持分类调控，因城施策

分类调控在房地产领域已成为出台调控政策的一个共识，是十多年来中国房地产调控总结出来的经验。中国地域差别较大，不同地区、不同城市住房市场面临的情况不同，不同人群对住房需求的目的不同，住房调控将根据不同城市的不同特点，尤其是一二线城市和三四线城市的不同情况，以及城市居民对住房的需求不同状况，实行分类调控政策，分类施策、分城施策。目前，各城市最常用的房地产分类调控的手段，主要包括差别化的货币政策、财税政策、土地政策及"限购"等行政措施。2017 年，部分城市为了抑制不断上涨的住房价格，采取了从限购和限贷等方面，通过区分户籍隶属和购房数量分别制定了差别化的调控措施（见附表 3 - 6）。

附表 3 - 6　　　2017 年部分城市住房市场差别化调控措施

城市	限购政策		限贷政策（最低首付）	
	本市户籍	非本市户籍	首套房	二套房
上海	单身 1 套 家庭 2 套	限购 1 套 （社保或个税满 5 年）	无房无贷 35% 无房有贷 50% 非普通住房 70%	普通住房 50% 非普通住房 70%

续表

城市	限购政策		限贷政策（最低首付）	
	本市户籍	非本市户籍	首套房	二套房
广州	单身 1 套 家庭 2 套	限购 1 套 （社保或个税满 5 年）	无房无贷 30% 无房有贷： 普通住房 40% 非普通住房 70%	普通住房： 无贷/已结清 50% 贷款未结清 70% 非普通住房 70%
深圳	单身 1 套 家庭 2 套	限购 1 套 （社保或个税满 5 年）	商贷： 无房无贷 30% 无房有贷 50% 公积金贷：30%	70%
成都	限购 1 套	限购 1 套 （社保或个税满 2 年）	30%	70%
武汉	限购 2 套	限购 1 套 （社保或个税满 2 年）	30%	普通住房 50% 非普通住房 70%
南京 （市区）	限购 2 套	限购 1 套 （社保或个税满 2 年）	首次购房 30% 无房有贷 50%	贷款未结清 50% 非普通住房 80%
郑州	单身 1 套 家庭 2 套	限购 1 套 （社保或个税满 2 年）	30%	60%
厦门	单身 1 套 家庭 2 套	限购 1 套 （社保或个税满 3 年）	30%	贷款未结清 60% 非普通住房 70%
杭州	单身 1 套 家庭 2 套	限购 1 套 （社保或个税满 2 年）	无房无贷 30% 无房有贷 60%	60%
青岛	不限购	限购 1 套 （社保或个税满 1 年）	首次和二次住房 公积金贷款： 购新住房 30%， 购二手房 40%	
三亚	限购 2 套	限购 1 套 （社保或个税满 1 年）	30%	50%

资料来源：笔者整理。

（四）坚持渐进改革，强化宏观调控

中国住房制度改革过程是一条渐进性改革路径，这一改革路径与改革开放后中国经济体制渐进式改革路径相一致，都是在"摸着石头过河"的逻辑下，采取"试点—推广—再试点—再推广"的改革路径。在住房制度改革的初期，国务院先后四次选择不同城市进行试点改革，这些试点城市的改革措施，为后来的全国改革积累了丰富的经验教训①。2000 年以来，面对住房价格的不断上涨，中国对住房市场依然采用的是渐进式的通过货币政策、财税政策、土地政策及限购、限贷、限价、限售、限商等行政措施进行宏观调控，渐进式的房改避免了激进式改革中因利益关系迅速调整而引发的社会震荡，较好地实现了房改深化、经济发展和社会稳定的共同目标。

① 朱亚鹏：《住房制度改革——政策创新与住房公平》，中山大学出版社 2007 年版。

参考文献

巴曙松、杨现领：《新型城镇化融资与金融改革》，中国工人出版社
　2014 年版。

蔡昉、杨涛：《城乡收入差距的政治经济学》，《中国社会科学》2000
　年第 4 期。

曹广忠、袁飞、陶然：《土地财政、产业结构演变与税收超常规增
　长——中国"税收增长之谜"的一个分析视角》，《中国工业经济》
　2008 年第 12 期。

柴国俊：《房屋拆迁能够提高家庭消费水平吗？——基于中国家庭金
　融调查数据的实证分析》，《经济评论》2014 年第 2 期。

陈斌开、林毅夫：《发展战略、城市化与中国城乡收入差距》，《中国
　社会科学》2013 年第 4 期。

陈良文、杨开忠：《我国区域经济差异变动的原因：一个要素流动和
　集聚经济的视角》，《当代经济科学》2007 年第 29 卷第 3 期。

陈士银、周飞：《城市土地储备制度：绩效、困境及其完善》，《城市
　问题》2007 年第 2 期。

陈莹、谭术魁、张安录：《公益性、非公益性土地征收补偿的差异性
　研究——基于湖北省 4 市 54 村 543 户农户问卷和 83 个征收案例的
　实证》，《管理世界》2009 年第 10 期。

陈志勇、陈莉莉：《财税体制变迁、"土地财政"与经济增长》，《财
　贸经济》2012 年第 12 期。

戴双兴：《新型城镇化背景下地方政府土地融资模式探析》，《中国特色社会主义研究》2013年第1卷第6期。

杜雪君、黄忠华、吴次芳：《中国土地财政与经济增长——基于省际面板数据的分析》，《财贸经济》2009年第1期。

方福前：《西方经济学新进展》，中国人民大学出版社2006年版。

方福前、俞剑：《居民消费理论的演进与经验事实》，《经济学动态》2014年第3期。

方匡南、章紫艺：《社会保障对城乡家庭消费的影响研究》，《统计研究》2013年第30卷第3期。

丰雷、魏丽、蒋妍：《论土地要素对中国经济增长的贡献》，《中国土地科学》2008年第12期。

甘犁：《拆迁的计算》，《21世纪经济报道》2013年3月23日。

葛扬、钱晨：《"土地财政"对经济增长的推动作用与转型》，《社会科学研究》2014年第1期。

顾纯俊：《财政分权下地方政府"土地财政"规模估算及其成因分析》，硕士学位论文，复旦大学，2012年。

郭熙保、胡汉昌：《后发优势新论》，《武汉大学学报》（哲学社会科学版）2004年第57卷第3期。

国务院发展研究中心中国土地政策改革课题组：《土地政策改革：一个整体性行动框架》2006年第62期。

郝寿义：《货币调控政策对房地产作用的时滞分析》，《中国房地产（学术版）》2011年第8期。

侯杰泰、温忠麟、成子娟：《结构方程模型及其应用》，教育科学出版社2004年版。

侯昭瑞：《中国现行土地财政模式转型研究》，博士学位论文，辽宁大学，2013年。

黄静、屠梅曾：《房地产财富与消费：来自于家庭微观调查数据的证据》，《管理世界》2009年第7期。

黄志基、贺灿飞、王伟凯：《土地利用变化与中国城市经济增长研究》，《城市发展研究》2013 年第 20 卷第 7 期。

蒋省三、刘守英、李青：《土地制度改革与国民经济成长》，《管理世界》2007 年第 9 期。

李郇、洪国志、黄亮雄：《中国土地财政增长之谜》，《经济学（季刊）》2013 年第 12 卷第 4 期。

李冀、严汉哥、刘世锦：《国有土地出让视角下的中国城市经济增长趋同研究》，《当代经济科学》2012 年第 2 期。

李尚蒲、罗必良：《我国土地财政规模估算》，《中央财经大学学报》2010 年第 5 期。

李实、罗楚亮：《中国城乡居民收入差距的重新估计》，《北京大学学报》（哲学社会科学版）2007 年第 2 期。

李涛、陈斌开：《家庭固定资产、财富效应与居民消费：来自中国城镇家庭的经验证据》，《经济研究》2014 年第 3 期。

李铁、范毅：《新城新区建设现状调查和思考》，《城乡研究动态》2013 年第 229 期。

李文星、徐长生、艾春荣：《中国人口年龄结构和居民消费：1989—2004》，《经济研究》2008 年第 7 期。

李雄、袁道平：《回顾与反思：我国住房制度改革历程与主要困境》，《改革与战略》2012 年第 10 期。

李勇刚、高波、许春招：《晋升激励、土地财政与经济增长的区域差异——基于面板数据联立方程的估计》，《产业经济研究》2013 年第 1 期。

梁若冰：《财政分权下的晋升激励、部门利益与土地违法》，《经济学（季刊）》2009 年第 9 卷第 1 期。

林毅夫、李永军：《比较优势、竞争优势与发展中国家的经济发展》，《管理世界》2003 年第 7 期。

林毅夫、刘培林：《中国的经济发展战略与地区收入差距》，《经济研究》2003 年第 3 卷第 11 期。

刘红梅、张志斌、王克强：《我国土地财政收入研究综述》，《开发研究》2008 年第 1 期。

刘守英、蒋省三：《土地融资与财政和金融风险——来自东部一个发达地区的个案》，《中国土地科学》2006 年第 19 卷第 5 期。

刘守英、周飞舟：《土地制度改革与转变发展方式》，中国发展出版社 2012 年版。

卢新海、邓中明：《对我国城市土地储备制度的评析》，《城市规划汇刊》2004 年第 6 期。

陆铭、陈钊：《城市化、城市倾向的经济政策与城乡收入差距》，《经济研究》2004 年第 6 卷第 3 期。

吕炜、许宏伟：《土地财政的经济影响及其后续风险应对》，《经济社会体制比较》2012 年第 6 期。

罗勇：《当前土地资源审计若干思考》，《财政研究》2014 年第 7 期。

毛其智、龙瀛、吴康：《中国人口密度时空演变与城镇化空间格局初探——从 2000 年到 2010 年》，《城市规划》2015 年第 2 期。

毛中根、孙武福、洪涛：《中国人口年龄结构与居民消费关系的比较分析》，《人口研究》2013 年第 37 卷第 3 期。

邵新建、巫和懋、江萍等：《中国城市房价的"坚硬泡沫"——基于垄断性土地市场的研究》，《金融研究》2012 年第 12 期。

石敏俊、范宪伟、郑丹：《土地开发对城市经济增长的作用机制和传导路径——基于结构方程模型的实证检验》，《中国人口资源与环境》2017 年第 1 期。

史清华、晋洪涛、卓建伟：《征地一定降低农民收入吗：上海 7 村调查——兼论现行征地制度的缺陷与改革》，《管理世界》2011 年第 3 期。

宋佳楠、金晓斌、唐健等：《中国城市地价水平及变化影响因素分析》，《地理学报》2011 年第 66 卷第 8 期。

苏良军、何一峰、金赛男：《暂时收入真正影响消费吗？——来自中国农村居民面板数据的证据》，《管理世界》2005 年第 7 期。

孙久文、姚鹏：《基于空间异质性视角下的中国区域经济差异研究》，《上海经济研究》2014 年第 5 期。

孙秀林、周飞舟：《土地财政与分税制：一个实证解释》，《中国社会科学》2013 年第 4 期。

陶然：《土地融资模式的现状与风险》，《国土资源导刊》2013 年第 10 卷第 8 期。

陶然、汪晖：《中国城镇化投融资模式求变》，2013 年 3 月 26 日，http：//www. dfdaily. com/html/8762/2013/3/26/967159. stml。

陶然、袁飞、曹广忠：《区域竞争、土地出让与地方财政效应：基于 1999—2003 年中国地级城市面板数据的分析》，《世界经济》2007 年第 30 卷第 10 期。

王淑华：《城乡建设用地流转法律制度研究》，复旦大学，2011 年。

王顺祥：《中国征地制度变迁：驱动因素与制度供给》，博士学位论文，南京农业大学，2010 年。

王贤彬、张莉、徐现祥：《地方政府土地出让、基础设施投资与地方经济增长》，《中国工业经济》2014 年第 7 卷第 4 期。

王小映、贺明玉、高永：《我国农地转用中的土地收益分配实证研究》，《管理世界》2006 年第 5 期。

王真、郭怀成、何成杰等：《基于统计学的北京城市居住用地价格驱动力分析》，《地理学报》2009 年第 64 卷第 10 期。

威尔金森：《行为经济学》，贺京同等译，中国人民大学出版社 2012 年版。

魏后凯：《外商直接投资对中国区域经济增长的影响》，《经济研究》2002 年第 4 期。

温忠麟、叶宝娟：《中介效应分析：方法和模型发展》，《心理科学进展》2014 年第 22 卷第 5 期。

吴先红、冯科、张凉：《中国城投债发行规模实证研究》，《首都经济贸易大学学报》2015 年第 1 卷第 5 期。

武文杰、刘志林、张文忠：《基于结构方程模型的北京居住用地价格影响因素评价》，《地理学报》2010 年第 6 卷第 10 期。

辛波、于淑俐：《对土地财政与地方经济增长相关性的探讨》，《当代财经》2010 年第 1 期。

徐现祥、李郇、王美今：《区域一体化、经济增长与政治晋升》，《经济学（季刊)》2007 年第 6 卷第 4 期。

徐现祥、王贤彬：《晋升激励与经济增长：来自中国省级官员的证据》，《世界经济》2010 年第 2 期。

严金海：《中国的房价与地价：理论、实证和政策分析》，《数量经济技术经济研究》2006 年第 23 卷第 1 期。

严盛虎、李宇、董锁成等：《中国城市市政基础设施水平综合评价》，《城市规划》2014 年第 4 期。

叶剑平、马长发、张庆红：《土地要素对中国经济增长贡献分析——基于空间面板模型》，《财贸经济》2011 年第 4 期。

叶剑平、杨乔木、宋家宁：《新型城镇化时期土地融资模式转型探索》，《贵州社会科学》2014 年第 5 期。

尹志超、甘犁：《中国住房改革对家庭耐用消费品的影响》，《经济学（季刊)》2009 年第 1 期。

张邦科、邓胜梁、陶建平：《持久收入假说与我国城镇居民消费——基于省级面板数据的实证分析》，《财经科学》2011 年第 5 期。

张大永、曹红：《家庭财富与消费：基于微观调查数据的分析》，《经济研究》2012 年第 S1 期。

张娟锋、刘洪玉：《住宅价格与土地价格的城市差异及其决定因素》，《统计研究》2010 年第 27 卷第 3 期。

张莉、王贤彬、徐现祥：《财政激励、晋升激励与地方官员的土地出让行为》，《中国工业经济》2011 年第 4 期。

张琦：《中国土地储备开发模式与比较研究》，北京师范大学出版社
　　2011 年版。

张清勇：《纵向财政竞争、讨价还价与中央—地方的土地收入分成》，
　　《制度经济学研究》2009 年第 3 期。

张双长、李稻葵：《"二次房改"的财政基础分析——基于土地财政
　　与房地产价格关系的视角》，《财政研究》2010 年第 7 卷第 4 期。

郑思齐、师展：《"土地财政"下的土地和住宅市场：对地方政府行为
　　的分析》，《广东社会科学》2011 年第 2 期。

郑思齐、孙伟增、吴璟等：《"以地生财，以财养地"——中国特色的
　　城市建设投融资模式研究》，《经济研究》2014 年第 8 期。

郑卫平、龚嘉明、刘金龙等：《因征地拆迁引发的社会不稳定问题及
　　对策》，《北京人民警察学院学报》2011 年第 1 期。

中国经济增长前沿课题组：《城市化、财政扩张与经济增长》，《经济
　　研究》2011 年第 11 期。

周飞舟：《分税制十年：制度及其影响》，《中国社会科学》2006 年第
　　6 期。

周厚兴：《土地犯罪研究》，硕士学位论文，吉林大学，2006 年。

周京奎：《城市土地经济学》，北京大学出版社 2007 年版。

周黎安：《中国地方官员的晋升锦标赛模式研究》，《经济研究》2007
　　年第 7 卷第 36 期。

周云波：《城市化、城乡差距以及全国居民总体收入差距的变动——
　　收入差距倒 U 形假说的实证检验》，《经济学（季刊）》2009 年第
　　4 期。

朱恒鹏：《地区间竞争、财政自给率和公有制企业民营化》，《经济研
　　究》2004 年第 10 期。

邹秀清：《中国土地财政与经济增长的关系研究——土地财政库兹涅
　　茨曲线假说的提出与面板数据检验》，《中国土地科学》2013 年第
　　5 期。

Alonso, W. , *Location and land use. Toward a general theory of land rent*, Cambridge, Published by Harvard University Press, 1964.

Aschauer D. A. , "Is public expenditure productive?", *Journal of monetary Economics*, Vol. 23, No. 2, 1989.

Bagozzi R. P. , Yi Y. , "On the evaluation of structural equation models", *Journal of the academy of marketing science*, Vol. 16, No. 1, 1988.

Bai X. , Chen J. , Shi P. , "Landscape urbanization and economic growth in China: Positive feedbacks and sustainability dilemmas", *Environmental Science & Technology*, Vol. 46, No. 1, 2011.

Baron R. M. , Kenny D. A. , "The moderator-mediator variable distinction in social psychological research: Conceptual, strategic, and statistical considerations", *Journal of personality and social psychology*, Vol. 51, No. 6, 1986.

Berger M. C. , Blomquist G. C. , "Mobility and destination in migration decisions: The roles of earnings, quality of life, and housing prices", *Journal of Housing Economics*, Vol. 2, No. 1, 1992.

Bostic R. , Gabriel S. , Painter G. , "Housing wealth, financial wealth, and consumption: New evidence from micro data", *Regional Science and Urban Economics*, Vol. 39, No. 1, 2009.

Bronzini R. , Piselli P. , "Determinants of long-run regional productivity with geographical spillovers: the role of R&D, human capital and public infrastructure", *Regional Science and Urban Economics*, Vol. 39, No. 2, 2009.

Cai M. , "Land for welfare in China", *Land Use Policy*, Vol. 55, 2016.

Calderón C. , Servén L. , *The effects of infrastructure development on growth and income distribution*, World Bank Publications, 2004.

Canfei He, Zhiji Huang and Rui Wang, "Land use change and economic growth in urban China: A structural equation analysis", *Urban Studies*,

Vol. 51, No. 13, 2014.

Chen W. Y., Hu F. Z. Y., "Producing nature for public: Land-based urbanization and provision of public green spaces in China", *Applied Geography*, Vol. 58, 2015.

Cheng L. K., Kwan Y. K., "What are the determinants of the location of foreign direct investment? The Chinese experience", *Journal of international economics*, Vol. 51, No. 2, 2000.

Chien Shiuh Shen, "The isomorphism of local development policy: A case study of the formation and transformation of national development zones in post-Mao Jiangsu, China", *Urban Studies*, Vol. 45, No. 2, 2008.

Ciccone A., "Agglomeration effects in Europe", *European Economic Review*, Vol. 46, No. 2, 2002.

Clarke Annez P., Peterson G. E., *Financing Cities: Fiscal Responsibility and Urban Infrastructure in Brazil, China, India, Poland and South Africa*, Washington, DC: World Bank, 2007.

Cao G., Feng C., Tao R., "Local 'land finance' in China's urban expansion: challenges and solutions", *China & World Economy*, Vol. 16, No. 2, 2008.

Demurger S., "Infrastructure development and economic growth: an explanation for regional disparities in China?" *Journal of Comparative economics*, Vol. 29, No. 1, 2001.

Deng X., Huang J., Rozelle S., et al., "Economic growth and the expansion of urban land in China", *Urban Studies*, Vol. 47, No. 4, 2010.

Deng X., Huang J., Rozelle S., et al., "Growth, population and industrialization, and urban land expansion of China", *Journal of Urban Economics*, Vol. 63, No. 1, 2008.

Ding C., Lichtenberg E., "Land and Urban Economic Growth in China",

Journal of Regional Science, Vol. 51, No. 2, 2011.

Ding C. , Lichtenberg E. , "Land and Urban Economic Growth in China", *Journal of Regional Science*, Vol. 51, No. 2, 2011.

Ding C. , "Policy and praxis of land acquisition in China", *Land use policy*, Vol. 24, No. 1, 2007.

Ding, C. , Lichtenberg, E. , "Land and Urban Economic Growth in China", *Journal of Regional Science*, Vol. 51, 2011.

Esfahani H. S. , Ramírez M. T. , "Institutions, infrastructure, and economic growth", *Journal of development Economics*, Vol. 70, No. 2, 2003.

Fan C. C. , Scott A. J. , "Industrial agglomeration and development: a survey of spatial economic issues in East Asia and a statistical analysis of Chinese regions", *Economic geography*, Vol. 79, No. 3, 2003.

Fan X. , Zheng D. , Shi M. , "How Does Land Development Promote China's Urban Economic Growth? The Mediating Effect of Public Infrastructure", *Sustainability*, Vol. 8, No. 3, 2016.

Fedderke J. W. , Bogetić Ž. , "Infrastructure and growth in South Africa: Direct and indirect productivity impacts of 19 infrastructure measures", *World Development*, Vol. 37, No. 9, 2009.

Fedderke J. W. , Perkins P. , Luiz J. M. , "Infrastructural investment in long-run economic growth: South Africa 1875 – 2001", *World Development*, Vol. 34, No. 6, 2006.

Gao J. , Wei Y. D. , Chen W. , et al. , "Urban Land Expansion and Structural Change in the Yangtze River Delta, China", *Sustainability*, Vol. 7, No. 8, 2015.

Gao T. , "Labor quality and the location of foreign direct investment: Evidence from China", *China Economic Review*, Vol. 16, No. 3, 2005.

Garcia-Mila T. , McGuire T. J. , Porter R. H. , "The effect of public capital in state-level production functions reconsidered", *The review of eco-*

nomics and statistics, 1996.

Ghali K. H. , "Public investment and private capital formation in a vector error-correction model of growth", *Applied Economics*, Vol. 30, No. 6, 1998.

Gibson J. , Li C. , Boe-Gibson G. , "Economic Growth and Expansion of China's Urban Land Area: Evidence from Administrative Data and Night Lights, 1993 – 2012", *Sustainability*, Vol. 6, No. 11, 2014.

Geng B. , Zhang X. , Liang Y. , et al. , "Sustainable land financing in a new urbanization context: theoretical connotations, empirical tests and policy recommendations", *Resources, Conservation and Recycling*, 2016.

Hair, J. , Black, W. , Babin, B. J. , & Anderson, R. , *Multivariate data analysis* (7th ed.), Englewood Cliffs, NJ: Prentice Hall, 2009.

He C. , Huang Z. , Wang R. , "Land use change and economic growth in urban China: A structural equation analysis", *Urban Studies*, Vol. 51, No. 13, 2014.

Holl A. , "Transport infrastructure, agglomeration economies, and firm birth: Empirical evidence from Portugal", *Journal of Regional Science*, Vol. 44, No. 4, 2004.

Holtz-Eakin D. , *Public-sector capital and the productivity puzzle*, National bureau of economic research, 1992.

Hsieh C. T. , "Productivity growth and factor prices in East Asia", *American Economic Review*, Vol. 89, No. 2, 1999.

Hu C. , Xu Z. , Yashiro N. , "Agglomeration and productivity in China: Firm level evidence", *China Economic Review*, Vol. 33, 2015.

Hu, L. T. , Bentler, P. M. , "Evaluating model fit", In Hoyle, R. H. , Ed. , *Structural Equation Modeling: Concepts, Issues, and Applications*, Sage Publications, Thousand Oaks, CA. , 1995.

Kelejian H. H. , Robinson D. P. , "Infrastructure productivity estimation and its underlying econometric specifications: a sensitivity analysis", *Papers in Regional Science*, Vol. 76, No. 1, 1997.

Kim T. K., Horner M. W., Marans R. W., "Life cycle and environmental factors in selecting residential and job locations", *Housing Studies*, Vol. 20, No. 3, 2005.

Kline, R. B., *Principles and Practices of Structural Equation Modeling*, The Guilford Press, New York, 1998.

Krupka D. J., "Location-specific human capital, location choice and amenity demand", *Journal of Regional Science*, Vol. 49, No. 5, 2009.

Lall S. V., Selod H., Shalizi Z., "Rural-urban migration in developing countries: A survey of theoretical predictions and empirical findings", *World Bank policy research working paper*, No. 3915, 2006.

Li H., Wei Y. H. D., Huang Z., "Urban Land Expansion and Spatial Dynamics in Globalizing Shanghai", *Sustainability*, Vol. 6, No. 12, 2014.

Li H., Zahniser S., "The determinants of temporary rural-to-urban migration in China", *Urban Studies*, Vol. 39, No. 12, 2002.

Li J., "Land sale venue and economic growth path: Evidence from China's urban land market", *Habitat International*, Vol. 41, 2014.

Li S., Park S. H., "Determinants of locations of foreign direct investment in China", *Management and Organization Review*, Vol. 2, No. 1, 2006.

Lichtenberg E., Ding C., "Local officials as land developers: Urban spatial expansion in China", *Journal of Urban Economics*, Vol. 66, No. 1, 2009.

Lin G. C. S., Ho S. P. S., "The state, land system, and land development processes in contemporary China", *Annals of the Association of American Geographers*, Vol. 95, No. 2, 2005.

Lin G. C. S., Yi F., "Urbanization of capital or capitalization on urban land? Land development and local public finance in urbanizing China",

Urban Geography, Vol. 32, No. 1, 2011.

Lin G. C. S., "Reproducing spaces of Chinese urbanization: new city-based and land-centred urban transformation", *Urban Studies*, Vol. 44, No. 9, 2007.

Liu M., Tao R., Yuan F., et al., "Instrumental land use investment-driven growth in China", *Journal of the Asia Pacific Economy*, Vol. 13, No. 3, 2008.

Losch, A., *The Economics of Location*, Yale University Press, New Haven, 1959.

Lucas, R. E., Jr., "On the Mechanics of Economic Development", *Monetary Economics*, Vol. 22, 1988.

Lucas, Robert E. Jr., "On the Mechanics of Economic Development", *Journal of Monetary Economics*, Vol. 22, No. 1, 1988.

Manning C. A., "The determinants of intercity home building site price differences", *Land Economics*, Vol. 64, No. 1, 1988.

Mao Qizhi, Long Ying, Wu Kang, "Spatio-Temporal Changes of Population Density and Exploration on Urbanization Pattern in China: 2000 – 2010", *City Planning Review*, Vol. 39, No. 2, 2015.

Martin P., Ottaviano G. I. P., "Growth and agglomeration", *International Economic Review*, Vol. 42, No. 4, 2001.

Martin P., Rogers C. A., "Industrial location and public infrastructure", *Journal of international Economics*, Vol. 39, No. 3, 1995.

Martin P., "Public policies, regional inequalities and growth", *Journal of public economics*, Vol. 73, No. 1, 1999.

McGrath D. T., "More evidence on the spatial scale of cities", *Journal of Urban Economics*, Vol. 58, No. 1, 2005.

McMillen D. P., "One hundred fifty years of land values in Chicago: A nonparametric approach", *Journal of Urban Economics*, Vol. 40,

No. 1, 1996.

Munnell, A. H. , "Infrastructure investment and economic growth", *Journal of Economic Perspectives*, Vol. 6, No. 4, 1992.

Muth R. F. , "The derived demand for urban residential land", *Urban studies*, Vol. 8, No. 3, 1971.

Pan J. N. , Huang J. T. , Chiang T. F. , "Empirical study of the local government deficit, land finance and real estate markets in China", *China Economic Review*, Vol. 32, 2015.

Potepan M. J. , "Explaining inter-metropolitan variation in housing prices, rents and land prices", *Real Estate Economics*, Vol. 24, No. 2, 1996.

Renkow M. , Hoover D. , "Commuting, Migration, and Rural-Urban Population Dynamics", *Journal of regional science*, Vol. 40, No. 2, 2000.

Schumacker R. E. , Lomax R. G. , *A beginner's guide to structural equation modeling*, Psychology Press, 2004.

Seto K. C. , Kaufmann R. K. , "Modeling the drivers of urban land use change in the Pearl River Delta, China: integrating remote sensing with socioeconomic data", *Land Economics*, Vol. 79, No. 1, 2003.

Small K. A. , Song S. , "Population and employment densities: structure and change", *Journal of Urban Economics*, Vol. 36, No. 3, 1994.

Tao R. , Su F. , Liu M. , et al. , "Land leasing and local public finance in China's regional development: evidence from prefecture-level cities", *Urban Studies*, Vol. 47, No. 10, 2010.

Tian L. , Ma W. , "Government intervention in city development of China: A tool of land supply", *Land Use Policy*, Vol. 26, No. 3, 2009.

Walden M. L. , "Where did we indulge: Consumer spending during the asset boom", *Monthly Labor Review*, Vol. 136, 2013.

Wang E. C. , "Public infrastructure and economic growth: a new approach applied to East Asian economies", *Journal of Policy Modeling*, Vol. 24,

No. 5，2002.

Wang L.，Li C. C.，Ying Q.，et al.，"China's urban expansion from 1990 to 2010 determined with satellite remote sensing"，*Chinese Science Bulletin*，Vol. 57，No. 22，2012.

Weber，A.，*Theory of the Location of Industry*，Chicago University Press，Chicago，1929.

Wu，Q.，Li，Y. L.，Yan，S. Q.，"The incentives of China's urban land finance"，*Land Use Policy*，Vol. 42，2015.

Ye L.，Wu A. M.，"Urbanization，land development，and land financing：Evidence from Chinese cities"，*Journal of Urban Affairs*，Vol. 36，No. s1，2014.

Yew C. P.，"Pseudo-urbanization? Competitive government behavior and urban sprawl in China"，*Journal of Contemporary China*，Vol. 21，No. 74，2012.

You K.，Solomon O. H.，"China's outward foreign direct investment and domestic investment：An industrial level analysis"，*China Economic Review*，Vol. 34，2015.

Young A.，"The Tyranny of Numbers：Confronting the Statistical Realities of the East Asian Growth Experience"，*Quarterly Journal of Economics*，Vol. 110，No. 13，1995.

Zheng Dan，Tatsuaki Kuroda，"The role of public infrastructure in China's regional inequality and growth：a simultaneous equations approach"，*The Developing Economies*，No. 1，2013.

Zheng，H.，Wang，X.，Cao，S.，"The land finance model jeopardizes China's sustainable development"，*Habitat International*，Vol. 44，2014.

Zhang W.，Xu H.，"Effects of land urbanization and land finance on carbon emissions：A panel data analysis for Chinese provinces"，*Land Use Policy*，Vol. 63，2017.

后　记

　　本书是在我的博士论文基础上修改而成，是我的第一部独立专著。本书的协作过程见证了我的学术探索和成长过程，她的完成和出版也可谓是我学术道路的一个标志性事件。回首4年的博士求学生涯，有欢乐，有苦痛，有意气风发，也有消沉低落。4年之路，在老师的悉心教导，同学和家人的鼓励帮助下，我收获了满满的知识和情谊，收获了更好地自己。

　　感恩新时代，感谢长期以来培养、指导、关心、帮助我的各位恩施。硕士指导教师王学定研究员虽公务缠身，却仍不时通过电话和邮件询问我的工作、学习和生活状况，王老师的谆谆教诲、悉心指导，使我受用终身。博士指导教师石敏俊教授的严格教诲，使我远离了浮躁之风，变得更加踏实、严谨。中国科学院大学经济与管理学院郑丹老师对博士论文的选题、构思、小论文的写作到毕业论文的最后定稿倾注了大量的心血。感谢同门师兄弟和师姐妹们在读博期间的鼓励和支持。感谢师姐李娜、袁水娜、张卓颖、王晓君，师兄黄文，师妹袁静沛、逄瑞、崔明明，师弟李元杰、李冬，感谢中国人民大学经济学院的师弟张广君、王敢、林庆尚、张熬，师妹李贵芳、吴佳钱、张雪、吴亚男等。感谢这份同门情谊，让我的科研生活充实而欢乐。

　　本书是对过去十多年我国快速城镇化进程中，地方政府通过开发和经营土地所形成的"以地谋发展"模式的作用机理和传导路径的初步探索。以土地资本化背景为出发点，着重揭示了土地开发对城市经济增长的作用机制和传导路径，实证检验土地开发过程中不同利益主体（地方政府和居民家庭）所获得的土地收入对城市经济增长的宏观和微观影响。在实证检验地方政府和居民家庭在土地开发过程中所获得的土地收入和征地拆迁补偿对城市经济增长和居民家庭消费影响时，不仅注重理论框架和研究视角的创新，也注重交叉学科研究方法的创新应用，探索性地将中介效应模型和结构方程模型应用于规范经济研究中，在一定程度上弥补了学者们关于土地开发对城市经济增长的作用机制和传导路径的研究，科学合理地评价了地方政府土地开发过程中所获得的土地收入对城市经济增长的影响，能够深化社会各界关于土地开发对城市经济增长影响的认识。

2017 年我从中国科学院大学经济与管理学院博士毕业后，有幸进入国家发展和改革委社会发展研究所工作。谨以此书诚挚地感谢社会发展研究所所长杨宜勇研究员、副所长常兴华研究员，社会治理室副主任曾红颖副研究员、副主任顾严研究员，社会政策室主任张本波研究员、副主任魏国学副研究员，战略规划室主任谭永生研究员，社会事业室副主任邢伟副研究员、副主任李璐副研究员，以及孔伟艳副研究员、王阳副研究员、关博副研究员、田帆副研究员等同事们，对我平时科研工作、学习生活的关心、指导和支持，是各位领导和同事们的指导和支持，使我能够下定决心在社会发展领域继续求索，是各位领导同事的关切和问候，使我能够在紧张、繁忙的工作中不断获得信心和坚毅。

本书在撰写过程中参考和引用了大量专家、学者的研究成果和有关资料，对此除了在文中表明引文的出处和注明参考文献外，特向引文、参考文献的作者表达深深的谢意。引文若有遗漏，敬请有关作者指出。

学术道路无止境，学术高度无巅峰。路漫漫其修远兮，吾将上下而求索。作为一名初入门槛的工作者，我所能做的就是一步一个脚印向前走，扎扎实实地去探索和求解心中的每一个未知，去找寻学术高峰上的那一轮红日。

本书的出版得到了国家发展和改革委员会宏观经济研究院的资助，也得到了国家发展和改革委员会社会发展研究所的大力支持，在此表示衷心的感谢。同时，也要感谢中国社会科学出版社的编辑老师们为本书的出版付出了辛勤的劳动。

由于时间和水平有限，本书不足乃至谬误之处在所难免，敬请专家及各界同仁提出宝贵意见，并就此问题展开讨论，以进一步深化该领域的研究。